사랑의 신비를 통한 치유

안셀름 그륀 지음
전헌호 옮김

사랑의 신비를 통한 치유

교회 인가 | 2015년 10월 5일
초판 발행 | 2015년 10월 15일
2판   2쇄 | 2019년 07월 22일

지은이 | 안셀름 그륀
옮긴이 | 전헌호
펴낸이 | 호명환
만든이 | 조수만
만든곳 | 프란치스코출판사(제2-4072호)
주 소 | 서울시 중구 정동길9
전 화 | (02) 6325-5600
팩 스 | (02) 6325-5100
이메일 | franciscanpress@hanmail.net

정 가 | 8,000원

ISBN 978-89-91809-44-4

사랑의 신비를 통한 치유

안셀름 그륀 지음
전헌호 옮김

차 례

서문   7

1장 영적 심리학을 필요로 하는 이유   11

    에바그리우스 폰티쿠스의 영적 그리고 심리학적 체계[System]   12

    영적 심리학을 위한 오늘날의 근거들   20

    영적 동반과 심리학   26

2장 영적 길은 자아도취증을 강화하는가 아니면 치유하는가?   29

    자아도취증의 현상   29

    자아도취증과 그것을 극복한 리지외의 테레사   33

    사랑은 자아도취증을 치유한다   38

    사랑은 어떻게 자아도취증을 치유하는가?   44

    맺는 말   49

3장 인간적 그리고 신적 사랑   51

    사랑하고 사랑받고자 하는 동경   52

    신적 사랑은 인간적 사랑을 치유한다   57

    신적 사랑과 인간적 사랑이 함께함   67

사랑의 신비를 통한 **치유**

4장 영적 지도자나 치료 전문가를 통한 치유   73
　　하느님의 사랑으로 인도하는 영적 동반   76
　　예수님의 예: 귀머거리의 치유   82
　　받아들일 수 없는 것을 받아들이는 것으로서의 사랑   89

5장 상처받은 아이의 치유   95
　　우리 안에 든 상처받은 아이   96
　　우리 안에 든 신적 아이   109

6장 신적 사랑의 체험   119
　　신비와 에로스   120
　　오감을 통한 신적 사랑의 체험   125
　　 바라봄 126 / 들음 128 / 맛 129 / 냄새 132 / 만져 봄 133
　　나가는 말   135

참고 문헌   137

서 문

 안셀름 그륀 신부님의 주옥같은 작품들이 우리에게 알려지기 시작한 지 벌써 이십 년 가까이 흘렀다. 지난 세기 말경 역자의 지도 교수인 요셉 봐이스마이어 신부님은 안셀름 신부님에게 관심을 가져보라는 말씀과 더불어 그분의 작품들을 우리나라에 소개하면 좋을 것이라 하셨다.
 그 이후 역자는 『아래로부터의 영성』부터 시작하여 『다시 찾은 기쁨』, 『다시 찾은 마음의 평안』, 『참 소중한 나』, 『사랑의 집』, 『행복한 선물』 등 많은 수의 안셀름 신부님 작품들을 우리말로 옮겼다. 정하돈 수녀님을 비롯하여 독일어에 능통한 다른 많은 수의 사람들도 이러한 작업을 했다. 그렇게 하여 안셀름 신부님의 수많은 책들이 우리말로 소개되어 우리를 위로하고 치유했으며 힘을 북돋우어 하느님의 사랑을 체험하게 했고 이

전보다 더욱 더 하느님과 자기 자신 그리고 사람들을 사랑하게 했다.

그동안 안셀름 신부님이 한국을 찾아오셔서 직접 강의하신 일도 여러 번 있었다. 역자는 그중 세 차례나 통역가로 그분 곁에서 음성과 표정, 동작과 삶의 태도를 생생하게 체험했다. 안셀름 신부님의 책들과 강의들이 우리를 위로하고 치유하며 힘을 북돋우면서 하느님께로 인도하는 것은 그분의 삶이 그 안에 녹아들어 있기 때문이고, 하느님과 사람들에 대한 사랑이 가득 차 있기 때문이며, 이런저런 일들로 상처를 입은 사람들을 오랜 기간 치유해 온 경험에서 축적된 능력과 지혜들이 함께 하기 때문이다.

안셀름 신부님은 이제 독일어권과 한국어권을 넘어서서 지구촌 전체에서 사랑받는 작가이자 상담치료자 나아가 영성가가 되어 많은 사람들을 진리에로 인도하여 치유하고 하느님의 사랑을 체험하게 하고 있다.

이번에 출판하게 된 『사랑의 신비를 통한 치유』는 2014년 여름 더위가 식어 가던 8월말 한국 프란치스칸의 초대로 서울 정동에서 하신 특강의 원고를 당시 통역을 담당했던 역자가 성심을 기울여 번역한 것이다. 원고를 처음 접하면서, 안셀름 신부님

옆에서 그분의 음성과 표정을 듣고 보면서, 다시 읽고 정리하면서 이것을 단행본으로 출판한다면 당시 함께할 수 없었던 많은 사람들에게도 사랑의 신비를 통한 치유의 능력을 체험하게 할 수 있겠다는 생각을 했던 것이다.

이제 독자 안에서 이러한 일이 일어나기를 희망해 본다.

2015년 10월 1일
아기 예수의 성녀 테레사 동정 학자 대축일
옮긴이 전헌호
(인간과영성연구소 소장)

1장 영적 심리학을 필요로 하는 이유

그리스도교 영성의 역사에서 영성과 심리학이 처음부터 언제나 서로 밀접히 연계되어 있었다는 사실을 인식할 수 있다. 물론 학문으로서의 심리학은 초기 교회에 없었다. 그러나 인간의 영혼에 대해 알고자 하는 지식은 언제나 있었다. 에바그리우스 폰티쿠스(Evagrius Ponticus)는 초기 수도자들 중에서 심리학자로 간주할 수 있는 존재다. 그분은 "하느님을 알고 싶으면 먼저 너 자신에 대해 알기를 배워라"라는 명제를 던졌다. 말하자면 자기 자신에 대해 알지 못하면 하느님께 대해서도 알지 못한다는 것이다. 자신의 영혼에 대한 앎은 하느님을 참으로 만날 수 있기 위한 전제 조건이다. 그래서 나는 이 강연에서 먼저 에바그리우스 폰티쿠스의 가르침 안에 든 영성과 심리학의 관계에 대해 말하고자 한다. 이어서 2부에서 심리학과 영성이 서로 연결되어 있다는 사실을 뒷받침하는 근거들을 제시하여 오늘날을 살아가는 우리에게 와 닿도록 하고 싶다.

에바그리우스 폰티쿠스의 영적 그리고 심리학적 체계[System]

에바그리우스 폰티쿠스(345-399)는 — 당시 수도 생활을 하던 다른 수도자들과 마찬가지로 — 영적 삶의 목표를 기도 안에서 하느님과 일치하는 것으로 보았다. 사람이 기도 안에서 하느님과 일치하는 것을 체험할 수 있기 위해서는 먼저 자신의 'logismoi'와 한바탕 씨름을 해야만 하는데, 그것은 바로 자신의 생각들과 감정들, 자신의 욕구들(Bedürfnisse)과 욕정들(Leidenschaften)이다. 자신의 감정들을 질서정연하게 하고 영혼을 내적으로 정화시켜야만 하느님과 일치할 수 있는 능력을 갖추게 된다. 자신의 감정들을 질서정연하게 하고 영혼을 정화하는 길은 결국 심리학적 길이다. 이러한 길의 목표는 "평정"(apatheia)이다. 이것은 내적 부동 상태(innere Unbeweglichkeit)를 의미하는 스토아학파의 개념과는 다르다. 이보다 훨씬 더 에바그리우스는 이 개념을 사랑과 연계시킨다. 평정에 도달한 사람만이 사랑을 할 능력을 갖는 것이다. 그는 평정을 사람의 영적 건강을 표시하는 것으로 보았다. 내적 정화를 위한 수련의 길을 걷고, 감정들과 격정들과의 진지한 투쟁을 거쳐 평정에 이른 사람만이 건강한 영성을 개발할 수 있다.

   에바그리우스는 정욕들과 투쟁하여 마음을 정화하기 위한 길을 서술했다. 그는 이것을 악마와의 씨름이라고도 표현할 수 있다고 했다. 'logismoi'들은 격정적인 감정들과 욕정들이다. 에바그리우스가 이들을 악마라고도 부른 것은 이러한 욕정들의 심층에 대해 말하는 것이다. 이들은 사람의 영혼 안으로 깊이 파고든다. 악마들의 작용을 정확하게 관찰하는 것은 중요한 일이다. 에바그리우스가 "아는 것이 힘이다"라고 말한 것은 일찌감치 지그문트 프로이트[Sigmund Freud]의 역할을 한 것이다. 내가 나의 심리학적 구조들에 대해 알면 알수록 그만큼 더 잘 다룰 수 있다. 정신과 의사이자 트라피스트회 수도자인 존 에듀 밤베르거(John Eudes Bamberger)는 "에바그리우스가 자신이 관찰하는 데에 사용한 방법들은 학문적 심리학의 원리들에 정확하게 일치한다"고 했다(밤베르거 32). 그는 또한 에바그리우스의 방법이 역동적인 정신 분석학의 방법과 매우 닮은 것을 보았다. 이것은 깊은 곳에서 일어나는 충동적인 생각들이 어떻게 발생하고 어떻게 다시 사라지는지, 무엇을 서로 연결시키고 서로 어떤 행동을 하는지 섬세하게 관찰한다(밤베르거 33). 그러나 에바그리우스는 결론적으로 자신의 요청들, 생각들 그리고 욕정들을 관찰하는 것을 기도 안으로 가져가도록 권했다. "그리고 그는 예수님께 자신이 관찰한 모든 것을 설명해달라고 청해야 한다"(Praktikos 50). 이러한 방식으로 에바그리우스는 영성과 심리학을 연계시킨다.

그는 아홉 'logismoi'의 작용에 대해 자세하게 서술했다. 이것은 먼저 세 가지 기본적인 본능이다. 그는 이것을 인간이 지닌 욕정으로 분류하는데 "식욕, 성욕 그리고 소유욕"이다. 이 세 가지 본능 모두 사람의 중요한 생명력이다. 이들은 사람을 삶으로 몰아간다. 그러나 이것은 또한 중독이 될 수도 있는 것이다. 그러므로 무엇보다 삶의 초반기에는 이 세 가지 기본 본능을 제어하여 이들이 나를 중독으로가 아니라 하느님께로 인도하도록 해야 한다. 그 다음으로는 감정적인 영역에 속하는 세 가지 감정들, 즉 슬픔, 분노 그리고 'Akedia'이다. 슬픔[Traurigkeit]은 애통[Trauer]과는 다르다. 애통과 관련된 일은 사람의 영적 성장에 속한다. 나 자신을 있는 그대로 받아들이기 위해 먼저 이루어지지 않은 생애의 꿈, 놓쳐 버린 기회들, 평균적인 정도에 지나지 않는 나 자신에 대해 애통해해야 한다. 내가 나 자신과 동일화시켜온 환상들과 결별해야만 한다. 내가 만약 애통해 할 준비가 되어 있지 않다면 ― 이것은 적극적인 심리학적 작업이 요청하는 것이다 ― 슬픔에 빠져들 것이다. 이것은 자기 연민이다. 이러한 자기 연민의 바탕에는 최종적으로 내가 언제나 최고이거나 가장 성공적이고 가장 행복한 사람이어야만 한다는 유아적 원의가 깔려있다. 자기 연민은 나를 앞으로 나아가도록 인도하지 않는다. 자기 연민이라는 욕실 안에서 언제나 같은 원을 그리며 헤엄칠 뿐이다. 이러한 것으로는 성장의 발걸음을 한 발자국도 내딛지 못한다.

분노는 공격성을 의미한다. 공격성은 일종의 중요한 생명력이다. 이것은 가까움과 거리 유지의 관계를 조절하려고 한다. 그러나 만약 나의 공격성을 잘 다스리지 못한다면 나 자신을 거슬러 행동하거나 다른 사람들에게 해가 되는 행동을 하게 된다. 그러면 공격성은 원한과 쓰라림이 되어 사람의 영혼을 서서히 부식시킨다. 나의 분노 속에 든 긍정적인 힘을 인식하여 그것이 나의 영성에 힘을 제공하도록 관리해야 한다.

에바그리우스는 'Akedia'를 가장 위험한 악마로 칭한다. 이 그리스 단어를 제대로 번역하기는 거의 불가능하다. 이것은 지금 이 순간[Augenblick]에 있을 능력이 없는 것을 의미한다. 나는 일에 대한 흥미가 없다. 일은 너무 귀찮다. 기도에 대한 흥미도 없다. 그것은 너무 지루하다. 게다가 아무것도 하지 않는 것에 대한 흥미조차 없다. 내가 무엇을 시작할 수 있는지조차 모르기 때문이다. 나는 중심을 잃고 있다. 현재 이 순간 안으로 들어갈 수가 없다. 한 번도 안정되지 못하고 언제나 불안정하다. 그것은 아무것도 없는 불안정으로서 아무것도 나오지 않는 무의미한 분주함에 지나지 않는다.

이어서 에바그리우스는 정신적 영역의 세 가지 'logismoi'에 대해 언급한다. 명예욕, 질투와 교만이 그것이다. 명예욕은 청소년 시절에 자신의 영적 길을 발전시키는 데에 도움이 되는 긍정적인 힘이다. 그러나 명예욕에 사로잡히면 나 자신 곁에 있지 못한다. 언제나 다른 사람들 곁에 있다. '다른 사람들이 나에 대해 어떻게 생각하지?'. 이러한 생각으로 다른 사람에게 온전히 종속되고 만다. 질투 역시 나를 다른 사람에게로 이끌어 간다. 나와 일치하여 있지 못하고 언제나 다른 사람들과 비교한다. 다른 사람들을 높게 평가하기 위해 나 자신의 가치를 떨어뜨리거나, 나를 높게 평가하기 위해 다른 사람들의 가치를 떨어뜨린다. 나는 내 곁에 없다. 가장 위험한 악마는 교만이다. 교만은 자신의 현실을 받아들이기를 거부하는 것이다. 나 자신에 대한 이상적인 자화상과 나를 동일시하고 나의 어두운 면은 받아들이려 하지 않는다. 내 영혼의 어두운 오점들에 대해서는 보지 못한다. 융(C.G. Jung)은 교만 인플레이션이라 말한다. 그는 이러한 교만의 위험을 나의 부족함들에 대해 전혀 인식하지 못하게 하는 이상적인 표상들(archetypische Bilder)[1]과 나를 동일화하는 것에서 본다. 예를 들어보자. 나는 나를 구원자의 표상과 동일화한다. 어떤 여인이 두 팔로 안을 사람이 아무도 없다는 불평을 할 경우에 그것은 내 안에 든 구원자의 이상형이 깨어나게 한다. '내가 그녀를 도울 수 있다. 내가 그녀를 안음으로써 그녀를 치유할 수 있다'. 그러면서 여인에 가까이 가고 싶은 나의 욕구들에 의해 그러한 행동을 하는 사실을 전혀 인식하지 못한다.

이상적 표상들은 우리를 움직이게 하는 표상이다. 이들은

---

[1] 'archetypische'의 사전적 원뜻은 '전형적 표상들'에 더 가깝지만 내용전달이 잘 되도록 '이상적 표상들'로 번역했다. 이상적 표상들이란 의미도 있기 때문이다(역주).

우리를 우리 자신과 접촉하게 하고 우리 안에서 힘을 펼쳐나간다. 이들은 사제, 구원자, 협조자, 예언자의 표상에 해당된다. 그러나 내가 나를 이상적 표상과 동일화시키면 나는 나의 고유한 부족함에 대해 눈멀게 된다. 자신을 사제의 이상형과 동일화한 사람들은 자신의 인간적인 약점들을 인식하지 못하게 된다. 그리고 이들은 이러한 표상 뒤로 자신의 고유한 자만심과 자기는 늘 옳기만 하다는 과신인 자기현시증(自己顯示症)을 어떻게 숨겨두고 있는지 인식하지 못한다. 이상적 표상은 내가 그것을 내 안에 그려두면서도 나 자신을 그것과 온전히 동일화하지 않을 때에만 도움이 된다. 이것이 바로 비극의 원인이 되는 오만이다. 그것은 나에게 속하지 않는다. 예를 들어보자. 예수 그리스도는 희생양이다. 그러나 내가 희생양에 대한 이러한 이상적 표상과 나를 동일화시키면 나는 내 안에 든 나의 고유한 공격성들과 삶에 대해 부정적으로 대하는 경향을 인식하지 못한다. 사람이 한 마리의 희생양 옆에서 잘 살아갈 수 없다[2].

---

2 이 단락은 안셀름 신부님의 설명이 첨가되어야 뜻이 정확하게 전달될것으로 생각된다. 역자가 해설을 첨가하고 싶지만 자제하고 원문대로 번역해 놓았다(역주).

에바그리우스에게 있어서 영적 길의 첫 부분은 정욕과의 투쟁, 악마와의 싸움이다. 여기서 관건은 정욕을 끊어 없애는 것이 아니라 그것을 영혼 안으로 통합하여 하느님께로 나아가는 나의 길에서 나를 방해하는 것이 아니라 오히려 그 반대로 나의 영적 길에 힘을 제공하도록 하는 것이다. 그렇기 때문에 평정[Apatheia]은 정욕이 없는 것이 아니라 정욕에 병적으로 사로잡히는 것에서 자유롭게 되는 것이다. 내가 평정에 이르면 나의 정욕에 의해 지배당하지 않고 오히려 정욕이 나에게 봉사하게 된다. 정욕은 나에게 힘을 제공하고 생기 있게 한다. 초기 수도자들은 이것을 이와 같이 이해했다. 4세기에 요셉 아빠스는 포이돈 아빠스에게 정욕이 일어나면 자신 안으로 들어오도록 두라고 조언했다. 그렇게 하라고 한 이유를 다음과 같이 말했다. "정욕들이 들어오고 네가 그들과 주고받으면 그들은 너를 더욱더 믿을 만하게 만든다"(Apo 386). 평정은 영혼의 건강을 나타낸다. 영혼이 건강할 때에만 하느님과의 관계도 건강하게 된다.

영적 심리학을 위한 오늘날의 근거들

나는 23년 전부터 지금까지 피정의 집에서 일하고 있다. 교회에서 일하는 남녀 평신도들과 수도자와 성직자들이 이곳으로 와서 석 달 동안 정신적 치료를 위한 도움과 영적 진보를 위한 도움을 받는다. 이곳에는 세 명의 정신과 치료 전문가와 네 명의 영적 지도자들이 있다. 영적 심리학과 관련된 나의 체험들은 무엇보다 이 피정의 집에서 해온 일에서 유래한 것이다. 두 명의 정신과 치료 전문가들은 심리학뿐만 아니라 신학도 공부했다. 그리고 우리 영적 지도자들은 모두 심리학에 대한 지식을 갖고 있다. 우리가 하는 일에서 서로 도우면서 보완한다. 정신과적 그리고 영적 동반에서 우리의 체험을 서로 나눈다. 이러한 일을 해 나가는 도중에 사람들을 돕는 동반에는 영적 측면과 정신과적 측면이 함께한다는 사실을 점점 더 명백하게 알게 되었다.

나에게는 심리학이 영성을 위해 무엇보다 먼저 세 가지 중요한 요소들을 지니고 있다. 하나는 심리학이 우리에게 어떤 영성이 건강한 것인지 병든 것인지, 그것이 건강하도록 인도하는지 병들게 하는지에 관한 중요한 시금석을 제공하는 것이다. 우리는 자신이 지닌 영적 문제들을 바라보기를 거부하는 사제들을 언제나 다시 체험한다. 이들은 오로지 기도하기만 하면 모든 문제들이 해결될 것으로 여긴다. 그러나 이것은 진지함이 부족한 것이다. 이들은 자신의 진면목을 바라보기를 두려워한다. 예수님께서는 이렇게 말씀하셨다. "진리만이 여러분을 자유롭게 한다"(참조:요한 8,32). 우리의 진면목을 있는 그대로 바라볼 때에만 영적 길이 우리를 하느님께로 인도한다. 그렇지 않을 경우에는 영적 길은 자신의 실제로부터 도피하는 것에 지나지 않는다. 그러나 언젠가는 결국 우리의 정신적 문제들을 대면하게 된다. 이들은 우울증이나 강박감 또는 육체적 반작용들 안에서 자신의 존재를 알린다. 그러므로 심리학은 우리의 영적 길에서 정직하도록 우리를 압박한다. 이러한 것에서 무엇보다 지그문트 프로이트(Sigmund Freud)의 심리학은 우리의 영성이 우리가 지닌 타고난 본능조직체[Triebstruktur]로부터 도피하는 것인지 아니면 이 본능조직체를 참으로 변화시키는 것인지 진지하게 바라보게 한다. 프로이트는 우리가 우리의 영성 안에서 유치한 욕구들에 사로잡혀 머무는지 아니면 그 욕구들이 우리를 성숙한 사람이 되도록 하는지에 관해 우리로 하여금 민감하게 반응하도록 한다.

두 번째 의미는 심리학이 나의 진면목[meine Wahrheit]을 드러내는 점이다. 그리고 이어서 내가 이러한 진면목을 기도 안에서 하느님께로 들어 올린다는 것이다. 이러한 길은 마침내 나의 영성을 강화시킨다. 심리학은 나의 정신적 문제들을 들추어내고 억압된 본능조직체들, 어린 시절에 입었던 상처들을 들추어 낸다. 심리학 혼자서는 그 상처를 치유해 낼 수 없다. 정신과 의사는 자신이 치유하는 자로 인식되는 것을 거부한다. 우리 영적 지도자들 역시 치료자가 아니다. 우리는 오직 사람들이 자신의 상처들을 기도 안에서 하느님께로 들고 나아가는 데로 인도할 수 있을 뿐이고, 그렇게 하여 하느님께서 이들을 치유하도록 할 수 있을 뿐이다. 그런데 치유는 성경 안에서도 언제나 만남 속에서 일어난다. 병자는 자신과 자신의 진면목을 예수님께 드러내 보여드려야 한다. 그러면 예수님은 그들을 어루만지신다. 예수님과의 만남은 또한 언제나 자기 자신을 만나는 것을 의미한다. 그런데 수많은 그리스도인들이 그리스도를 마술쟁이로 이용하려고 한다. 그들은 자신의 두려움으로 인해 고통을 받는다. 예수님께 자신의 두려움으로부터 해방시켜달라고 청한다. 그러나 자신의 두려움을 전혀 바라보지 않는다. 에바그리우스 폰티쿠스라면 우리에게 전혀 다른 조언을 주실 것이다. 그분은 이렇게 말씀하실 것이다. "너의 두려움을 예수님께 털어놓아라. 너의 두려움이 너에게 무엇을 말하려 하는지 예수님께 여쭈어라". 그러면 너의 두려움이 잘못된 네 자신에 대한 근본적인 생각(falsche Grundannahmen) 위에 성립되어 있다는 사실을 네가 인식하게 될지도 모른다.

> 나는 어떤 잘못도 해서는 안 돼. 그렇지 않으면 나는 무가치한 존재가 돼. 나 자신을 웃음거리로 만들면 안 돼. 그렇지 않으면 내가 따돌림당할 거야.

예수님과의 대화에서 내가 나 자신에 대한 근본적인 생각을 바꿀 준비가 되어 있어야만 나의 두려움이 치유될 수 있다. 또한 치유는 언제나 변화를 의미한다. 예수님과의 만남은 나를 진정한 나 자신과의 만남 그리고 내적 변화로 인도한다. 예를 들자면 많은 사람들이 예수님을 두려움과 같은 불편한 증세들로부터 해방시켜 주는 마술사로 이용하려 한다. 그러면서도 이들은 옛 사람 그대로 머물려고 한다. 자신이 예수님으로부터 변화되도록 놓아 주기를 거부한다. 이들은 자신들이 지어올린 삶의 건축물[Lebensgebäude]에 대해 의문을 던지고 고치려고 하기보다는 인정받는 것에 예수님을 단지 이용하기만 하려고 할 뿐이다.

융(C.G. Jung)은 많은 신학자들이 심리학에 대해 두려움을 지니고 있는 것에 놀란 적이 있다. 그가 말하고자 한 것은 "심리학은 다른 어떤 것이 아니라 먼저 아래로 내려간 자만이 하늘로 올라간다는 그리스도교적 패러독스를 실현하고자 하는 것에 지나지 않는다"는 점이다. 그러면서 그는 에페 4,9를 인용했다. 그리스도교적 패러독스는 예수님이 인간이 되시기 위해 하늘에서 이 땅 위로 내려오셨다는 것이다. 우리는 예수님을 만나서 그분과 함께 우리 자신의 고유한 땅의 속성과 인간성, 우리 자신의 진면목으로 내려와야만 참된 인간이 된다. 이것이 바로 수도자들이 겸손이라고 부르는 태도다. 겸손은 자신의 인간성 안으로 내려가는 용기다. 심리학은 우리가 참된 겸손을 배우고 우리를 억압하는 모든 것을 기도 안에서 하느님께로 내어드리도록 하는 데에 기여한다.

나에게 있어서 심리학이 영성을 풍요하게 할 수 있는 세 번째 근거는 내가 심리학을 통해서 기도, 묵상, 전례와 의식들과 같은 영성적 요소들이 지닌 치유 작용에 대해 인지하기 때문이다. 이것은 나에게 있어서 나의 개인적인 길에서 겪은 하나의 중요한 체험이었다. 나는 1964년에 수도원에 입회했다. 독일에서는 1968년에 학생 혁명이 있었다. 그리고 우리 젊은 수도자들 역시 수도원 안에서 옛 습관들과 의식들[Rituale]을 거슬러 반발했다. 그러나 우리는 반발에만 머물러 있지 않았다. 우리는 융의 심리학을 공부했다. 이것은 우리가 의식들과 그리스도교적 상징들의 치유 작용을 인식하는 데에 도움이 되었다. 심리학은 우리로 하여금 수도자로서 자신에 대한 신뢰와 더불어 우리의 길을 가도록 용기를 북돋우었다. 우리는 그리스도교적 상징들이 인간의 영혼 안에 든 이상적 표상들과 일치한다는 것과 의식들[Rituale] 안에서 예수님의 정신(Jesu Geist)이 우리 안에 든 무의식의 세계를 일깨우고 변화시킨다는 사실을 인식했다.

영적 동반과 심리학

심리학을 배우면서 나는 내담자에게서 그의 영적 길이 참으로 치유를 가져오는 것인지 아니면 오히려 병들게 하고 마는 것인지에 대한 섬세한 감각을 갖게 되었다. 분열시키는 모든 영적 길은 최종적으로는 병들게 한다. 어떤 사람들은 자신의 영적 진실을 있는 그대로 바라보지 않으려고 종교적 생각들과 느낌들로 도망친다. 이러한 위험을 나는 이데올로기적으로 착색된 영성에서 언제나 본다. 심리학에서 볼 때, 좋고 건강한 전통으로 살아가는 것이 치유를 가져오는 삶이다. 전통은 우리로 하여금 우리의 뿌리들에 기반을 갖게 한다. 우울증은 종종 많은 사람들이 뿌리를 잃고 있는 것이 겉으로 드러난 표현에 해당된다. 그러나 치유가 아니라 내적 질병의 표현에 지나지 않는 갑갑한 보수주의의 한 형태도 있다. 나의 체험으로는 그렇게 완고한 보수적인 태도를 지닌 사람은 중심이 없다. 이들은 방만한 삶과 완고한 엄격주의 사이에서 이리저리 헤맨다. 이들은 보수적인 표상들을 꽉 붙들고서는 그것으로 자신의 느슨한 부분을 덮는다. 이러한 것은 자주 이중적인 삶을 살아가게 한다. 한편으로는 엄격한 교회적 윤리 규정들을 강조한다. 그러나 다른 한편으로는 그 자신은 그렇게 살아가지 않는다.

나는 이와 비슷한 위험을 순전히 자아도취적인 형태의 영성에서 본다. 예수님의 사랑에만 열광하는 사람이 있다. 그러나 그의 구체적인 삶은 자주 완전히 무질서하다. 내적·외적 카오스를 인정하지 않기 위해 하느님 사랑에 대한 자아도취적 느낌으로 도망친다. 나는 자아도취를 일상생활의 거친 현실로부터 도망치는 것에 지나지 않는 것으로 본다. 우리의 영적 길에서 감정들을 드러내고 감정들을 우리의 길에 통합하는 것은 좋은 일이다. 그러나 자아도취는 자주 쾌락적인 감정들 안으로 도망치는 것이다. 나는 그 뒤에 자주 통합되지 못한 성욕이 있다는 것을 경험했다.

영적 동반은 ― 초기 수도자들이 벌써 이렇게 말했다 ― 영적 식별(die Gabe der Unterscheidung, die diakrisis)의 은사를 필요로 한다. 이것은 어떤 생각이나 느낌이 성령으로부터 오는지 아니면 악마로부터, 나의 초자아(Über-Ich)로부터, 또는 나의 억압된 무의식적 충동들로부터 오는지에 관한 직감력이다. 그리고 영적 동반은 마음으로 인식하는 것(die Herzenskenntnis, Kardiognosie)을 필요로 한다. 이것은 오직 자기 자신을 진지하게 만나는 것을 통해서만 얻을 수 있다. 그렇기 때문에 영적 동반은 진지한 자기인식의 길을 필요로 한다. 심리학은 이 길을 걸어가는 데에 도움을 줄 수 있다. 심리학은 어떤 영적 길이 어디서 생명과 건강으로 인도하고 어디서 경직과 질병으로 인도하는가를, 그 길이 참으로 구세주 예수님께로 인도하는지 아니면 자신의 에고(Ego) 또는 초자아로 인도하고 마는지를 분별할 도구들을 제공한다. 나 개인적으로는 심리학과의 만남은 나의 영적 길을 주체적으로, 명백하게 의식적으로 걸어가도록 한 도전이었다.

2장 영적 길은 자아도취증[Narzissmus]을 강화하는가 아니면 치유하는가?

자아도취증의 현상

사랑의 결핍은 자주 자아도취적인 인격 구조[Persönlichkeitstruktur]로 인도한다. 자아도취증은 오늘날 널리 퍼졌다. 많은 수의 배우들과 TV 속의 연예인들, 많은 수의 공인들은 자아도취적인 타입이다. 자아도취증은 어린 시절에 체험한 사랑의 결핍에 대한 반작용이다. 그런 경우에 사람은 외부세계를 위협적인 것으로 체험하고 자기 자신 안으로 움츠러든다. 자아도취증은 자기애착[Selbstverliebheit]이다. 다른 사람들을 사랑할 능력이 없다. 자기 자신을 사랑할 수 있기 위해서도 자신의 사랑을 총동원해야만 한다. 그러나 이러한 자기 사랑은 예수님의 다음과 같은 요청에 일치하지 않는다. "네 이웃을 너 자신처럼 사랑해야 한다". 자기 사랑에만 맴돌면서 외로움을 느낀다. 심리학자 우르술라 누버(Ursula Nuber)는 오늘날 널리 퍼져 있는 이러한 잘못 이해된 자기사랑을 "이기주의함정"[Egoismusfalle]이라고 했다. 이 안에서 성립되는 모순[Paradox]은 "자아도취증은 참된 자기 자신과의 만남을 잃게 하였고, 바로 그 때문에 그렇게도 심하게 자기 자신에게 몰두한다"는 것이다. 건강한 자기사랑이 있지만 병적 자기사랑도 있다. 건강한 자기사랑은 나 자신을 내어 줄 수 있고 다른 사람을 위한 일에서 나 자신을 잊어 버릴 수 있도록 인도하기도 한다. 프랑스 작가 게오르그 베르나르노스(Georg Bernarnos)는 자기 자신을 받아들일 수 있는 것은 하나의 큰 은총이라고 말한 적이 있다. 그러나 모든 은총 중의 은총은 자기 자신을 잊어 버릴 수 있는 것이다. 나 자신을 잊어 버림으로써 나는 온전히 현존하고 온전히 나 자신이 된다. 나 자신에 대해 평가하지 않고, 내가 지금 무엇을 느끼는가에 대해 주의를 기울이지 않는다. 나는 단순히 이곳에 현존한다. 나는 지속적으로 내가 지금 나의 영적 길에서 또는 나의 심리학적 성장의 길에서 어디쯤 와있는가에 대해 평가하는 것으로부터 벗어나서 자유롭다. 나는 나 자신인 나다(Ich bin der, der ich bin). 자기 자신을 잊어버릴 수 있는 능력은 그 사람이 성숙한 사람이라는 표시이고, 사랑을 하는 것이 무엇인지 이해하는 사람이라는 표시이다. 사랑 안에서 나 자신조차 잊어 버리기 때문이다. 여기서 나 자신을 다른 사람에게 내어준다. 나 자신을 내어줌으로써 더 강한 방식으로 나를 체험한다.

자아도취적인 사람은 자기 자신을 잊어 버릴 수 없다. 그는 언제나 자기 자신 주위를 맴돈다. 케른베르그(Kernberg)는 다음과 같이 말했다.

병적인 자기사랑은 지나친 자기집착을 드러낸다
(Kernberg 2006, 74).

이러한 자기집착은 자주 다른 사람들에 대한 관심 부족과 결합되어 있다. 다른 사람의 감정에 대해 좀처럼 느끼지 못한다. 오직 자기 자신의 주변만을 맴돌 뿐이고 지속적으로 감탄의 대상이 되기를 원한다.

융 심리학에 가까이 있는 여성 심리학자 카트린 아스퍼(Kathrin Asper)는 이렇게 말했다.

자아도취적인 사람에게는 자기 가치에 대한 융의 처방을 일찍 사용하는 것은 좋지 않다. 이 처방은 자아도취적인 사람을 잘못 인도할 수 있기 때문이다. 그는 이러한 엘리트적이고 영적인 길에서 자기 자신을 찾는 것에로 빠져들기 십상이다(Jotterand18).

그러나 그는 일상생활의 일반적인 도전들을 몽땅 건너뛰어 버리고 만다. 그는 자신의 엘리트적인 세상 안에서 방해받기를 싫어한다. 카트린 아스퍼가 융의 심리학에 대해 말한 것은 관상의 길(der kon-templative Weg)에도 적용할 수 있다. 관상의 길은 본질적으로 자아[Ego]로부터 내적 자유를 얻도록 인도하고자 한다. 그러나 자아도취적인 사람에게는 일반적인 일상생활과 거리를 유지하고 엘리트적인 여행으로 깊이 들어가서 대단한 영적 체험들을 하고자 하는 기회를 제공하게 된다. 그런데 이러한 영성은 변화로 인도하는 것이 아니라 오직 자아도취적인 구도를 더욱 강화시키는 데로 인도할 뿐이다. 그런 경우 그는 일상의 삶과 일의 구체적인 요청들을 멀리할 변명거리를 충분히 갖게 된다.

자아도취증과 그것을 극복한 리지외의 테레사

나는 영적 길을 구체적인 삶을 받아들여 살아가기를 거부하고 어떤 대단한 것[Grandiosität]으로 도망치는 것으로 여기도록 하려는 유혹의 한 예를 성녀 리지외의 테레사를 통해서 들어보고자 한다(이에 대해 Jotterland와 비교하라). 성녀는 처음에는 이러한 유혹에 졌지만 자아도취적인 상처를 참으로 치유하는 영성의 한 치유 길을 발견했다. 테레사는 어린 아이였을 때 벌써 버림받은 느낌[Verlassenheit]을 깊이 체험했다. 성녀의 어머니는 테레사를 낳으면서 유방암을 가졌다. 테레사는 어머니의 젖을 먹을 수가 없었다. 그래서 한 유모에게 보내졌다가 어머니에게 돌아왔지만 어머니는 3년 후 돌아가셨다. 그래서 테레사는 일찍부터 소외감과 외로움을 체험했다. 어머니가 자신을 충분히 사랑할 수 없었음을 느꼈다. 그 이후 언니에게 매달렸고 응석받이가 되었다. 그러나 그 언니가 수도회에 입회하자 다시 버려진 느낌을 갖게 되었고, 큰 사랑을 도둑맞은 것으로 느꼈다. 어린아이였던 테레사는 이러한 소외감을 어떤 대단한 것을 통해 지워버리려는 시도를 했다. 테레사는 작은 여왕이었고 아버지를 마음대로 부려먹었다. 아버지는 테레사를 위해 모든 것을 했다. 테레사는 대단한 자기 과시를 통해 언니들에게도 영향을 주었다. 모두가 테레사를 돌보고 위해야 했다. 소외감에 대한 반작용인 대단한 자기 과시가 효과를 발휘하지 못하면 우울증에 빠져들었다. 우울증은 지나친 적응이나 물러남 속에서 자신의 고유한 감정들을 포기하는 것에서 표현되어 나온다. 테레사는 반작용의 이러한 방식을 무엇보다 가족의 범위를 넘어서서 ― 예를 들어 학교에서 ― 실행했다.

이후 테레사가 수도원에 입회한 후에는 어떤 대단한 것을 영성 안으로 끌어들였다. 먼저 자신의 소외감과 상처들을 들추어보지 않아도 되는 길을 걸어가려고 했다. 하느님을 자신이 자는 동안에 자신의 상처를 치유하는 외과 의사로 간주했다. 말하자면 그녀는 어떤 것도 할 필요가 없었다. 어린아이였을 때 가졌던 대단한 표상들은 자신을 예수님의 사랑받는 꼬마로 이해하도록 한 것으로 표현되었다. 작은 자로 머물수록, 자신의 그 작음으로 애교를 부릴수록 그녀가 탄 승강기는 그만큼 더 가볍게 위로 올라갔다. 테레사가 '작은 길'이라고 부른 이러한 첫 번째 길은 성화를 위해 애를 쓰지도 않고 억압된 아픔들을 돌보지 않고도 그녀가 성화되도록 인도해야 했다. 이러한 길에서는 성장할 필요가 없다. 작은 자로 머물러도 되는 것이다. 그러나 작음[Kleinheit]에 대한 이러한 말에서는 테레사가 아버지와 언니들과의 관계에서 이미 표현했던 어떤 대단한 것[Grandiosität]에 대해 감지할 수 있다. 테레사는 주변에 있는 다른 모든 사람이 돌보아야 하는 사랑스런 작은 자이고 예수님조차 그렇게 돌보아야 하는 존재다. 자신을 변화시킬 필요가 없다. "아버지의 공주"일뿐만 아니라 "예수님의 귀염을 독차지하는 꼬마"(Lieblingskleine Jesu)인 것이다. 이러한 길은 하나의 대단한 영성(eine grandiose Spiritualität)을 통해 자아도취적인 성격을 상쇄시키고 말 전형적인 위험을 보여준다. 그러나 이러한 형태의 영성은 치유하지 않고 단지 자신의 상처를 위한 상쇄[Kompensation]에 지나지 않는다. 그리고 이것은 최종적으로는 자아도취적인 구조(narzisstische- Struktur)를 강화한다.

그러나 마침내 테레사는 자신의 자아도취를 참으로 치유할 길을 하나 발견했다. 신적 사랑은 언제나 가장 낮은 자리를 찾아가는 물과 같다. 우리 자신의 무능, 상처와 아픔을 하느님께 내어드리면 하느님의 사랑이 우리 영혼의 깊은 곳으로 흘러들어 그곳의 모든 것 안으로 파고들어 변화시킬 수 있다. 이러한 영성의 길은 치유하는 동시에 자유롭게 한다. 이 길은 위대한 큰일을 성취하여 하느님께 내어드려야만 한다는 압박감과 그것을 통해 다른 사람들보다 뛰어나야만 한다는 압박감으로부터 해방시킨다. 테레사는 이러한 "작은 길"과 더불어 모든 사람과 유대 관계를 맺는다. 다른 많은 사람들과 마찬가지의 곤궁, 의혹 그리고 소외감을 느낀다. 그러나 더 이상 이러한 것 때문에 응석을 부리지는 않는다. 자신이 진지하게 하느님을 향하게 한다. 그리고 하느님의 사랑이 그 안으로 흘러든다. 이것이 스스로 자신의 고유한 인간 존재 깊은 곳으로 내려가는 참된 겸손이고 용기다. 그렇게 하여 깊은 모든 곳이 하느님의 사랑으로 채워지게 된다. 우리 자신에 대해 스스로 생각하는 대단한 자화상에 거슬리기 때문에 평소 같으면 하느님 앞에 결코 드러내 놓고 바라보지 않을 영역조차 하느님의 사랑으로 채워지게 된다. 테레사는 이제 일상생활에서 함께 살아가는 수녀들에게 민감하게 반응하는 것, 인내심을 잃고 변덕스럽고 공격적이 되는 것, 용기를 잃거나 의혹에 빠져드는 것과 같은 자신의 약점들을 발견한다. 테레사는 자신의 약점들을 드러내어 하느님께 보여드려서 하느님이 그 안으로 당신의 사랑을 부어 넣으실 수 있게 한다. 요터란드(Jotterand)는 이에 대해 이렇게 기술했다.

성녀는 자신의 약점들을 바라보기를 감행할 때마다 하느님의 사랑으로 채워짐을 느꼈다. 이러한 느낌은 성녀로 하여금 과장된 자기중심적인 태도를 헐어나가는 데에 일상생활의 상황들을 활용할 용기를 주었다(Jotterand 49).

이러한 하느님의 사랑이 약함들 안으로 흘러들도록 두는 길과 수녀원의 자매들과 살아가는 구체적인 삶에 대해 눈을 뜨게 하는 길은 테레사를 일상생활로 인도했다. 이제 테레사는 영성을 더 이상 일상생활로부터 도망을 치기 위해 활용하는 것이 아니라 완전히 새로운 방법으로 극복해 나가기 위해 활용했다. 그리고 이 영성은 성녀에게 일종의 경쾌함과 명랑함을 선사했다. 테레사는 자신의 언짢은 기분과 불쾌감 그리고 혐오감의 의미에 대해 더 이상 골몰하지 않았다. 이러한 감정들을 단순히 사실로 받아들이고 하느님의 사랑이 들어오도록 했다. 이러한 것은 이전에 자주 소심하고 좁았던 수녀에게 "어떤 것도 더 이상 잘못할 수 없는 느낌"을 주었다(위와 같은 곳 49).

사랑은 자아도취증을 치유한다

테레사 성녀의 이러한 체험들을 우리에게 적용해 본다면 우리는 다음과 같이 말할 수 있을 것이다.

> 자신에 대한 어떤 대단한 표상들과 자신의 신비적 체험들을 통해 자아도취증을 강화하는 영성이 있다.

영적 표상들을 통해 우리의 자아도취적인 구조들을 더욱 강화할 위험은 우리의 영성 체험들에 대해 언급할 때 너무 지나치게 과장된 말들을 입에 담을 경우에 언제나 성립된다. 나에게 어떤 대단한 영적 생각들을 꼼꼼하게 그림으로써 나의 고유한 부족함을 건너뛰는 경향이 있다. 그러면 나의 영성 안에서 나를 다른 모든 사람 위에 세우게 된다. 어떤 치료 전문가가 나에게 다음과 같은 말을 했다.

> 나의 여성 환자들 중 일부는 대인 관계 어려움들을 갖고 있습니다.

대인 관계를 못하는 사람들도 있다. 그러나 이들은 그 사실을 인정하려 하지 않는다. 그러한 사실을 인정하는 것은 너무 고통스럽기 때문이다. 자신의 대인 관계 무능함을 슬퍼하는 대신에 고차원적인 영적 표상들로 도망친다. 많은 말들로 자신이 신적인 것과 완전히 일치했다고 재잘거려댄다. 그래서 어떤 인간적인 관계들도 필요하지 않다고 한다. 이들은 이미 신적인 것과 하나로 일치되어 있기 때문이다. 영적 길의 목적지에 이미 도달한 것이다. 그러나 언젠가는 자신의 고유한 자아도취증을 영적으로 강화한 것을 더 이상 이런 식으로 지고 갈 수 없는 때가 온다. 언젠가는 채워지지 못한 인간적인 관계에 대한 욕구와의 고통스러운 만남이 발생하여 엎어지게 된다. 자신의 영성을 통해 자신을 다른 모든 사람 위에 세울 위험이 있다. 그러면 많은 사람들이 단순히 표면적으로 대충 살아가는 동안에 자신은 특별한 영성적인 삶을 살아가는 것이라고 여기게 된다. 이러한 생각들로 그 사람들은 어떤 대단한 것을 통해 자신의 소외감을 더 이상 느끼지 않으려는 시도를 한다. 그러나 어떤 대단한 것[Grandiosität]은 자아도취증을 치료하지 않고 단지 강하게 할 뿐이다.

  그러나 또한 자아도취증을 치유하는 영성도 있다. 요트란드는 이렇게 서술했다.

> 자아도취증에 걸린 이들은 그들이 체험한 모든 것을 자기와 연계시키는 경향을 지니고 있다. 그렇기 때문에 그들은 자주 화를 내고 분통을 터뜨린다. 삶의 동반자가 지닌 저기압 상태, 조심성 없이 구정물을 뿌린 것, 나아가 주일 아침의 나쁜 날씨까지 자신을 거스르는 행위로 인지하기도 한다. …자아도취증에 걸린 이는 별 의미도 없는 사소한 불편함으로도 거대한 문제를 일으킬 수 있다(Jotterand 51).

리지외의 테레사가 작은 길이라면서 추천하는 길은 이러한 의미를 지닐 수 있다. 나는 나의 짜증, 예민함, 소외감에 대한 두려움을 있는 그대로 인지한다. 그러나 나 자신을 심판하지 않는다. 이러한 것으로 어떤 사건도 만들지 않는다. 그보다 훨씬 더 이러한 느낌을 하느님의 사랑이 바로 그 안으로 흘러들도록 허락할 기회로 삼는다. 이러한 방법으로 서서히 나의 예민함으로부터 자유롭게 되고 현실의 실제 삶에 대한 감각을 회복한다. 나의 주변 환경에 동참한다. 영성은 나를 일상생활 안으로 인도하여, 대단한 표상들을 통해 그것으로부터 도망치는 대신 하느님으로부터 극복해 나가도록 한다. 하느님의 사랑은 나의 자아도취증을 치유한다.

이것은 최종적으로는 베네딕토회 영성이 의미하는 것이기도 하다. 베네딕토 성인은 자신의 규칙서에서 영성에 관한 대단한 표상들을 서술하지 않았다. 또한 수도 생활 공동체를 위한 높은 이상적인 생각들도 서술하지 않았다. 그는 일상생활의 갈등들과 투쟁들을 간과하지 않는다. 베네딕토 성인에게 있어서 영성은 바로 갈등을 대면하는 것에 성립한다. 성인은 기도와 일을 — ora et labora — 연결시키는 것을 통해서 영성을 땅 그리고 일상생활과 구체적으로 연결시키려고 했다. 영성은 내가 일, 동료들, 하느님을 받아들이는 것에서 자신을 드러낸다. 그러한 받아들임에서 나 자신을 맴도는 자아도취적인 고리로부터 자유롭게 된다. 함께 더불어 살아가는 현실과 일에서 발생하는 갈등들을 받아들이는 것 안에서 나 자신의 약점들과 쉽게 상처받는 예민함을 발견하게 된다. 일은 나로 하여금 나의 내적 진면목과 대면하게 한다. 일상의 일에서 나 자신의 진면목을 발견함으로써 그 안으로 하느님의 사랑이 흘러들어가게 할 수 있다. 관상에 대해 열광하는 사람들 중 일부는 자신을 하느님께 내어드리지도 않고 일에 침잠하지도 않는다. 이들은 관상을 자기 자신을 위한 시간을 확보하는 것으로 잘못 이해한다. 관상 역시 — 제대로 이해하자면— 힘든 훈련의 길인데, 나를 일상생활 안으로 인도하는 길이고 나의 일상생활을 변화시키는 길이다.

한 사람으로부터 조건 없는 사랑을 받고 있다고 느끼는 사람과 하느님으로부터 그러한 사랑을 받고 있다고 느끼는 사람은 차츰 자아도취증으로부터 벗어나게 된다. 사랑은 자아도취증을 치유한다. 그러나 우리의 고유한 부족함으로부터 도망칠 만큼 하느님의 사랑에 대해 열광적으로 말해서도 안 된다. 우리의 자아도취증이 치유되도록 하려면 사랑에 대해 이성적이고 냉철한 체험이 필요하다. 그리고 우리가 큰소리치는 상태로 빠져드는 것을 막을 이성적이고 냉철한 영성이 필요하다. 예수님은 쓸모없는 종 (참조: 루카 17,7-10)에 대한 비유에서 이러한 냉철한 영성의 길을 제시했다. 여기서 예수님이 이야기하는 비유는 상당히 도발적이다.

"너희 가운데 누가 밭을 갈거나 양을 치는 종이 있으면, 들에서 돌아오는 그 종에게 '어서 와 식탁에 앉아라' 하겠느냐? 오히려 '내가 먹을 것을 준비하여라. 그리고 내가 먹고 마시는 동안 허리에 띠를 매고 시중을 들어라. 그런 다음에 먹고 마셔라' 하지 않겠느냐? 종이 분부를 받은 대로 하였다고 해서 주인이 그에게 고마워하겠느냐? 이와 같이 너희도 분부를 받은 대로 다 하고 나서, '저희는 쓸모없는 종입니다. 해야 할 일을 하였을 뿐입니다' 하고 말하여라".

종에 대한 이야기에서 주인이 종에게 너무 많은 것을 요구하는 것은 짜증나게 하는 일이다. 예수님이 그 주인의 행동이 옳다고 하시지는 않는다. 예수님에게 있어서 당시 널리 퍼진 이러한 태도는 그리스도인을 위한 표상이었다. 우리의 영성 안에서 우리 자신을 다른 사람들 위에 들어 높여서는 안 되고, 우리 자신이 특별한 존재나 되는 것처럼 느껴서도 안 된다. 이보다 훨씬 더 다음과 같이 말해야 하는 것이다.

> 우리는 단지 우리의 의무를 실행했을 뿐입니다. 우리는 지금 해야 할 일을 했을 뿐이고, 하느님께서 우리더러 다른 사람에게 하라고 하신 것을 했을 뿐입니다. 우

리는 단지 우리가 그 자리에서 해야만 할 일을 했을 뿐입니다.

어느 중국 철학자는 이렇게 말했다.

도는 평범한 일상적인 것이다.

이러한 의미에서 예수님도 영성을 다음과 같이 이해하셨다. 영성은 평범한 일상적인 것이다. 지금 만나는 것을 하는 것이고, 그것으로 자신을 다른 사람 위에 두거나 다른 사람과 비교하지 않는 것이다. 영성은 우리가 우리의 본질인 인간으로서 해야 하는 임무를 하는 것을 의미한다.

사랑은 어떻게 자아도취증을 치유하는가?

사랑은 어떻게 자아도취증을 치유하는가에 어울리는 표상은 리지외의 테레사가 자기 자신을 위해 발견한 표상이다. 하느님의 사랑은 언제나 가장 깊은 곳을 찾는 물과 같다. 우리가 우리의 온전한 진면목을, 우리가 부끄러워하는 좌절과 같은 우리 삶의 가장 깊은 부분들마저 하느님을 향해 내어놓으면 하느님의 사랑이 우리를 치유한다. 그러면 우리는 하느님의 사랑이 우리의 무능함 안으로, 우리의 빈곳으로, 우리의 무관심 안으로, 하느님을 잃은 상태 안으로, 폭력성 안으로, 시기심 안으로, 질투 안으로, 경망함 안으로, 우리의 자아도취적인 생각들 안으로 스며드는 것을 생각해야 한다. 이 스며드는 것을 통해서 변화[Verwandlung]가 일어난다. 그리고 변화는 사랑을 통한 치유에 어울리는 본격적인 표상이다. 변화는 오늘날 많은 수의 심리학을 가르치는 학교들과 상담 서적들이 알려 주는 달라짐[Veränderung]에 대한 그리스도교적 응답이다.

오늘날 많은 사람들이 달라지고자 한다. 이들은 달라지기 위해 언제나 새로운 방법들을 찾아나서는 일에 중독되어 있다. 그럼에도 불구하고 이들에게 있어서 전혀 달라지지 않는 일이 자주 발생한다. 이들은 여전히 옛 모습 그대로 머문다. 이들이 많은 수고를 들여 그렇게도 쉬지 않고 계속 수행하는 달라짐을 위한 각종 프로그램들은 때로 이들의 자아도취증을 강하게 하기도 한다. 이들은 달라지기 위해 그렇게도 많이 이리저리 애를 쓰기 때문에 자신이 특별한 어떤 존재라도 된 듯이 느낀다. 달라짐 안에는 어떤 공격적인 것이 들어 있다. 지금 이대로의 나는 좋지 않다고 생각하기에 나는 다른 어떤 존재가 되어야만 한다. 나는 모든 것을 다르게 만들어야 하고, 내 안에 든 모든 것은 달라져야만 한다. 그러나 나를 거슬러 일을 하면 할수록 그만큼 더 내 안에서 일어나는 반작용은 강하게 된다. 그렇기 때문에 많은 달라지려는 시도들은 아무런 성과도 얻지 못하게 된다. 그리스도교적 응답은 변화이다. 변화는 훨씬 더 부드럽다. 변화는 다음과 같은 의미다.

존재하는 모든 것은 좋은 것이다.

나는 지금까지 되어 온 나 자신과 나의 삶을 있는 그대로 존중한다. 그러나 동시에 나는 아직도 하느님께서 만드신 본래의 나 자신이 아님을 알고 있다. 하느님께서 나에 대해 만드신 순수하고 왜곡되지 않은 표상은 아직도 충분히 드러나지 않았다. 변화의 목적은 나의 삶을 이루는 모든 것을 통해서 내 안에 든 하느님의 이 유일한 표상이 드러나게 하는 것이다. 이것은 겸손과 인내 그리고 동시에 희망과 확신을 요구하는 길고 긴 과정이다. 변화의 마지막 부분은 죽음에서 이루어진다. 여기서 우리 안에 든 하느님의 원초적 표상이 명백하게 드러나게 된다.

변화의 그리스도교적 길 중 하나는 기도다. 기도 안에서 우리는 자신의 참모습을 하느님의 사랑 안으로 내어드리고 참모습이 하느님의 사랑에 의해 관통되도록 둔다. 다른 하나는 미사성제다. 미사의 본질은 말하자면 육화(肉化, Wandlung)다. 그런데 우리는 빵과 포도주를 그리스도의 살과 피로 변하게만 하지 않는다. 우리의 변화도 관건이다. 사제가 빵과 포도주 위로 성령이 내려오시기를 부르는 육화의 의식에 앞서 변화의 신비를 우리 눈앞에 드러내 놓는 다른 의식이 있다. 이것은 바로 성찬례 준비이다. 여기서 사제는 먼저 빵과 함께 성반을 높이 든다. 사제는 이와 더불어 동시에 우리의 일상생활을 하느님의 사랑 안으로 넣는다. 우리를 힘들게 하고 지치게 만드는 일과 일상생활의 진부함이 여기에 해당된다. 우리는 미사를 드릴 때마다 우리의 일상생활이 하느님의 사랑으로 관통되고 변화되는 것을 믿는다.

성작은 다음과 같은 세 가지 의미를 지니고 있다.

첫째, 성경에서 잔은 자주 고통과 쓰라림의 잔이다. 우리는 우리 자신의 고통과 많은 사람들의 고통을 하느님께 내어드리면서 하느님의 사랑이 이 고통 안으로 흘러들어 그것을 변화시켜달라고 청한다.

둘째, 유대인들은 애통의 잔(Trauerkelch)을 안다. 우리는 우리의 애통을 하느님께 내어드린다. 여기에는 사랑하는 사람의 죽음에 대한 애통만이 아니라 삶에서 놓쳐버린 좋은 기회에 대한 애통, 삶에 대한 깨어지고만 꿈, 우리 자신의 실패와 나 자신이 그저 보통의 평범한 존재에 지나지 않는 사실에 대한 애통과 같은 것들이 해당된다. 우리는 하느님께서 이러한 애통의 잔을 위로의 잔으로 변화시키시고, 당신의 사랑으로 직접 우리의 애통 안으로 들어오셔서 그것을 변화시키실 것을 믿는다. 위로[Trost]는 라틴어로 "consolatio"라고 한다. 이것은 하느님께서 우리와 함께[con] 온전히 홀로[solus] 계시면서 당신의 사랑으로 우리의 외로움 안으로 들어오시어 그것을 변화시키시는 것을 의미한다.

셋째, 포도주로 가득 찬 잔은 우리의 사랑을 위해 있다. 그러나 우리의 사랑은 자주 의혹, 시기, 질투, 공격성들, 상처들, 부족한 체험들 그리고 소유욕들과 뒤섞여 있다. 우리는 우리의 복잡하게 섞여든 사랑을 하느님께 내어드려서 하느님의 사랑이 우리의 사랑을 정화하고 변화하게 한다. 이와 같이 모든 미사성제 안에서 우리의 뒤섞인 사랑이 치유되고 변화된다.

맺는 말

심리학적 지식들을 영적 길에 통합한 영성은 이러한 영적 생각들로 사랑의 결핍에서 발생하여 자아애착[Selbstverliebheit]으로 표현되는 자아도취증을 강화하는지 아니면 치유하는지에 대해 민감하다. 그렇기 때문에 어디에서 영적 아이디어들이 어떤 대단한 것[Grandiosität]을 발전시키는 데에 기여하여 올바른 길을 벗어나 자신의 자아도취증을 계속 유지하게 하는지를 알아내는 섬세한 감각이 필요하다. 또한 어디에서 영성이 겸손으로 인도하여 내 영혼의 가장 깊은 지점으로 들어갈 용기를 내어 그곳으로 하느님의 사랑이 들어가도록 두게 하는지 알아내는 섬세한 감각이 필요하다. 그러면 나의 내적 곤궁과 소외감, 고독, 슬픔의 가장 깊은 지점이 하느님의 사랑으로 관통되어 변화되고 치유된다.

3장 인간적 그리고 신적 사랑

    우리가 영성에서 사랑에 대해 말할 때에는 우리에 대한 하느님의 사랑과 하느님께 대한 우리의 사랑에 대해 말하는 것으로 여긴다. 그리고 이러한 것으로 또한 언제나 우리를 사람으로 만드는 사랑에 대한 체험과 사랑을 할 능력에 대해 말하는 것으로 여긴다. 사랑할 능력은 심리학에서 인간의 본질에 속한다. 사람은 그가 사랑할 능력이 있을 때 건강하다. 우리의 영성에서 인간적 사랑과 신적 사랑을 서로 적대적인 것처럼 취급해서는 안 된다. 우리가 어린 아이였을 때 부모님의 인간적 사랑을 체험했다. 그리고 이러한 사랑 안에서 우리에 대한 하느님의 사랑이 무엇인지에 관해 인식하게 되었다. 그리고 어린 아이로서 우리는 부모님과 형제자매들 그리고 친구들을 사랑하는 것을 배웠다. 그리고 언제나 다시 이웃을 사랑해야 한다는 말을 들었다. 그리고 또한 하느님이 우리를 사랑하시고 우리도 우리의 사랑으로 하느님의 사랑에 응답해야 한다는 가르침을 받았다. 그러나 우리의 사랑을 어떤 사람에 대한 사랑과 같은 감성적인 방법으로 표현할 수는 없다. 이러한 사랑은 하느님의 계명을 지키는 것을 통해 표현되고자 한다.

나는 하느님께 대한 그리고 인간에 대한 그리고 나 자신에 대한 사랑을 이해하는데, 이 이해는 예수님이 우리에게 말씀하신 계명으로서만이 아니다. 그보다 훨씬 더 이 사랑의 세 가지 요소들이 서로 연계되어 있는 것 안에서 치유의 길도 인지한다. 하느님의 사랑과 인간적 사랑이 함께하는 것이 바로 사랑의 결핍에 시달리는 사람들을 치유하여 사랑할 능력을 갖게 하고 건강하게 하는 길이다. 나는 이것을 여러 가지 설명들로 알리고자 한다.

사랑하고 사랑받고자 하는 동경

모든 사람은 사랑하고 사랑받기를 동경한다. 그리고 모든 사람은 사랑의 이러한 길에서 충만함과 실망, 매혹됨과 상처받음, 넓음과 좁음, 황홀함과 부둥켜안음과 같은 체험들을 한다. 이러한 체험들의 종착지는 어떤 사람이 와서 우리를 대단히 사랑하여 사랑에 대한 우리의 동경이 영원히 채워지고 마는 것이 아니다. 그보다 훨씬 더, 어떤 큰 사랑을 체험할 때마다 언제나 그보다 더 많은 사랑에 대한 동경이 새롭게 우리 안을 파고들게 된다. 세상의 모든 뛰어난 오페라는 사랑에 대한 이러한 동경에 관해 말한다. 그리고 오늘날의 유행가들은 언제나 다시 사랑에 대한 이러한 동경을 노래한다. 사랑이 실패로 돌아갈 경우에도 여전히 또 하나의 풍부한 사랑을 동경한다. 많은 사람들이 사랑에 대한 이러한 동경으로 병든다. 이들은 자신의 동경이 결코 채워지지 않는 것에 고통을 당한다. 이들은 자신이 사랑받지 못하고 있다고 느낀다. 그리고 어떤 사람을 사랑하게 될 경우에는 자신의 사랑에 대한 응답을 받지 못한다. 그렇게 하여 이들은 자신의 응답이 없는 일방적인 사랑에 의해 큰 고통을 겪는다.

영성은 사랑을 향한 이러한 동경에 대해 두 가지 대답을 한다. 첫 번째 대답은 앙투안 드 생텍쥐베리(Antoine de Saint-Exupery)가 우리에게 다음과 같이 해 주고 있다.

사랑에 대한 동경 안에 이미 사랑이 있다.

내가 기꺼이 체험하고자 하는 그런 사랑을 내가 체험하지 못할지라도 사랑에 대한 나의 동경 안에서 이미 이러한 사랑을 체험하고 있음을 나는 감지한다. 사랑은 동경 안에서 나의 마음 안에 하나의 자취를 파놓았다. 그렇기 때문에 나에게 언제나 다음과 같이 미리 말해 주어야 한다.

> 사랑에 대한 동경 안에서 내가 느끼는 사랑은 누구도 나에게서 빼앗아갈 수 없어. 그 사랑이 한 파트너에 의해 채워지지 않을지라도 그것은 여전히 나에게 속한 거야. 그리고 나는 그것을 즐겨도 되고 그것으로 건강하게 되어도 돼.

영성이 사랑하고 사랑받고자 하는 우리의 동경에 주는 두 번째 대답은 다음과 같다.

> 채워지기도 하고 실망하게 되기도 하는 사랑에 대한

우리 체험들의 목표는 언젠가 한 번은 어떤 사람이 와서 우리를 매우 사랑하여 우리가 영원히 충만해지는 것이 아니다. 인간적인 사랑으로는 우리가 결코 충만해질 수 없다.

체험한 모든 사랑은 우리 안에서 더 많은 사랑에 대한 동경을 일깨워놓는다. 사랑에 대한 우리 동경의 목표는 이보다 훨씬 더, 자신이 사랑이 되어 우리 안에서 솟아나오고 누구도 우리로부터 빼앗아갈 수 없는 사랑의 원천에 도달하는 것이다. 우리의 영혼 바닥에 존재하는 이러한 사랑은 감정[Gefühl, 촉각, 느낌도 포함됨]보다 더한 것이다. 이것은 존재의 한 품질(eine Qualität des Seins)이다. 최종적으로는 이것은 사랑의 신적 원천이다. 이것에 대해 요한은 첫 번째 편지에서 다음과 같이 썼다.

> 하느님은 사랑이십니다. 사랑 안에 머무르는 사람은 하느님 안에 머무르고 하느님께서도 그 사람 안에 머무르십니다(1요한 4,16).

요한은 어떤 사람에게 반해 있는 감정보다 훨씬 더한 것인 이 사랑을 아가페라고 불렀다. 이것은 일종의 순수한 사랑이고, 우리에게 선사된 힘[Kraft]과 같은 일종의 능력[Macht]이며 우리가 퍼 올리는 샘과도 같다. 때로는 우리는 이 사랑을 우리 영혼의 밑바닥에서 체험하기도 한다. 어떤 부인이 자신이 바닷가를 따라 걸어간 것에 대해 이야기해 준 적이 있다. 걸어가는 동안 그녀는 갑자기 어떤 대단히 깊은 사랑으로 충만해졌다. 그러나 이 사랑은 어떤 남자나 여자에 대한 것이 아니었다. 그것은 단순히 존재하는 모든 것에 대한 사랑이었다. 그녀는 바로 그 순간에 단순히 오로지 사랑으로만 존재하는 느낌을 가졌다. 이 부인은 요한이 자신의 편지에 서술한 것을 체험한 것이다. 그녀는 하느님을 사랑으로 체험했다. 이 사랑은 어떤 감정 이상의 것이다. 그것은 그녀가 그 안에서 살아온 공간이었다.

작년에 나는 타이완에서 선(禪)의 전문가인 불교 비구니 스님과 우리가 묵상할 때에 내면에서 하는 체험에 대해 대화를 한 적이 있다. 나는 그녀에게 예수 기도가 나를 사랑으로 충만한 침묵의 내적 공간으로 인도한다고 이야기했다. 그러자 그녀는 사랑은 아주 힘든 것이라고 했다. 그녀에게 있어서 그것은 비워진 공간이었다. 대화 안에서 명백하게 된 것은 그녀가 사랑을 감정과 동일하게 여긴 것이다. 그러나 사랑은 감정 이상의 것이다. 사랑은 존재의 한 품질이다. 요한은 각 사람 안에는 사랑으로 충만한 공간이 있음을 의미했다. 우리의 깨어지기 쉬운 사랑을 통해 우리는 우리 안에 사랑이 있다는 신비한 체험을 하게 된다.

신적 사랑은 인간적 사랑을 치유한다

우리의 인간적 사랑은 우리를 신적 사랑으로 인도한다. 그러나 거꾸로 우리 안에 있는 사랑의 샘은 우리로 하여금 사랑에 대한 우리의 인간적 체험들을 다르게 다루어 나갈 수 있도록 한다. 우리는 자주 다른 사람에게 완전한 사랑, 완전한 안식처, 완전한 이해를 기대한다. 그러나 완전한 것은 어떤 사람도 우리에게 줄 수 없다. 우리는 완전한 것을 기대하는 것으로 다른 사람들에게 지나친 요구를 하게 된다. 그러나 우리가 어떤 사람의 제한적인 사랑이 우리에게 신적 사랑을 가리킨다는 것을 신뢰한다면, 다른 사람의 제한적인 사랑을 즐길 수 있다. 신적 사랑에 대한 믿음은 우리로 하여금 인간적 사랑이 우리를 채워주는 것으로 여기며 그것을 살아가게 한다.

우리가 다른 사람에게 완전한 사랑을 기대할 때에는 최종적으로 그로 하여금 우리가 어린아이였을 때 충분하게 받지 못한 결핍된 사랑을 채워줄 것을 희망하는 것이 된다. 물론 혼인한 부부 중에는 아내의 사랑이 남편이 어린 시절 충분하게 받지 못한 사랑의 결핍을 채워주어 회복하게 하는 경우도 분명히 있다. 그러나 때로는 우리가 이러한 일에서 서로 지나친 요구를 하기도 한다. 어떤 여인이 알코올 문제를 지닌 남자와 혼인했다. 그녀는 이렇게 생각했다.

나는 나의 남편을 사랑하여 건강하게 할 것이다.

그러나 그녀는 이러한 일에 실패하고 말았다. 우리의 제한된 사랑으로 사랑의 결핍으로 발생한 모든 상처를 치유해 낼 수는 없다. 그러나 우리가 상처 입은 어떤 사람에게 사랑을 베풀면 그가 우리의 인간적 사랑 안에서 하느님의 영원한 사랑에 대한 어떤 것을 체험할 것을 신뢰해도 된다. 이러한 사랑은 상처 입은 사랑을 치유할 수 있다. 이러한 것에 대해 도스토예프스키는 자신의 『죄와 벌』에서 훌륭하게 서술했다. 창녀인 소냐는 살인자인 라스콜리노프를 사랑하여 건강하게 하고 싶다. 그러나 그녀는 자신이 그것을 할 수 없다는 것을 감지한다. 그렇지만 그녀는 죽음보다 강한 예수님의 사랑을 신뢰한다. 그녀는 그 살인자에게 일깨워진 라자로에 관한 이야기를 읽어 준다. 사랑으로 가득 찬 예수님의 말씀은 돌로 막혀진 무덤에 묻힌 라자로를 일으켜서 무덤 밖으로 나오게 했다. 이것이 소냐에게 큰 희망이 되어 그녀의 사랑이 예수님의 사랑과 더불어 살인자가 자신의 경직된 자세와 그가 숨어든 자신의 무덤을 헐어버리고 밖으로 나오게 되기를 기대하게 되었다. 제한된 인간적 사랑을 지원하는 신적 사랑에 대한 믿음은 이 불행한 젊은이로 하여금 최종적으로는 살인자가 되게 한 사랑의 결핍을 이기게 한다. 도스토예프스키는 그 경직된 살인자가 처음으로 소냐에게 사랑을 표현할 수 있게 된 순간을 서술한다. 두 사람 모두는 이러한 온몸을 사로잡는 체험에서 눈물을 흘린다. 도스토예프스키는 다음과 같이 서술한다.

그들의 얼굴에는 벌써부터 새로운 삶에 대한 온전한

부활인 새로운 미래의 여명이 비쳤다. 사랑은 한 사람의 마음은 다른 사람의 마음을 위한 마르지 않는 생명의 샘을 지니고 있다는 사실을 일깨웠다.

소냐 안에 신적 사랑의 마르지 않는 샘이 흘러들었기 때문에 그녀는 살인자의 돌같이 굳어진 마음을 생명으로 일깨우고 치유했다.

신적 사랑이 자주 불행에 빠지는 우리의 사랑을 어떻게 치유하는가를 다음의 이야기가 보여줄 수 있을 것이다. 어떤 여인이 한 남자에게 반하여 사랑에 빠지게 되었는데, 그는 이 사랑에 대해 아무런 반응도 없다. 그녀는 죽을 지경으로 불행을 느끼게 되었다. 그렇지만 우리가 요한의 말씀을 진지하게 받아들인다면 이것은 다음과 같은 것이다. 내가 사랑에 빠져들었다는 사실을 내 안에서 느끼는 그 사랑은 하느님이기도 하다. 그리고 내가 이 사랑을 인지하면 나는 하느님 안에 있는 것이다. 다른 사람이 나의 사랑에 반응을 보이든 그렇지 않든 그것은 그리 중요한 것이 아니다. 나는 다른 사람도 나를 사랑하는가에 매인 존재가 아니다. 사랑에 빠진 것 안에서 나는 내 안에 계신 하느님께 대한 체험을 한다. 사랑에 빠진 상태는 나를 내 안으로 흘러들어오는 신적 사랑의 샘과 만나게 인도한다. 물론 나의 사랑이 다른 사람을 통해 응답되어지는 것은 아름다운 일이다. 그러나 나의 사랑에 응답이 없을지라도 나는 사랑이 없는 존재가 아니다. 실망은 오히려 훨씬 더 내면으로 들어가서 내 안에 존재하는 사랑의 내적 샘을 인지하고 즐기게 하는 길이다.

  다른 한 체험. 어떤 여인이 남편에 대한 사랑이 고갈되었다는 느낌을 갖게 되었다. 그녀는 자신 안에 더 이상 어떤 사랑도 남아 있지 않음을 인지한다. 모든 것은 단지 습관적인 일이고 지루한 되풀이에 지나지 않는다. 그녀가 자신의 혼인 생활에서 기대한 사랑은 멀리 달아나고 말았다. 나는 이러한 사실에 대해 불평할 수 있고, 사랑에 대한 나의 생각이 이루어지지 않은 것에 대해 슬퍼할 수도 있다. 내가 사랑의 결핍을 슬퍼하면 나는 사라져 버린 감정들 아래에 있는 내 안의 사랑의 샘과 만나게 된다. 배우자에 대한 나의 사랑 안에 있는 바로 그 실망이 내 안에 있는 사랑을 향해 나아가도록 한다. 이 사랑 안에서 하느님 자신이 내 안에 계신다. 요한의 편지에 들어 있는 말씀은 단순히 그것에 대해 내가 낭만적으로 많은 말들을 하고 그것을 즐기기만 할 수 있었던 말만이 아니다. 그것은 훨씬 더 인간적인 관계의 영역 안에서 체험한 부서지기 쉬운 사랑의 체험을 어떻게 다루어야 하는가에 대해 길을 제시하려고 하는 말씀이다. 우리 모두는 배우자나 친구, 또는 형제자매나 직장 동료든 상관없이 한 사람이 줄 수 있는 것보다 훨씬 더 큰 사랑을 동경한다. 그리고는 이러한 것에 대해 불평을 하거나 슬퍼할 수 있다. 그러면 우리는 그 슬퍼하는 것을 통해서 우리 영혼의 바닥에 도달하여 그곳에서 우리 안에 신적 사랑의 샘이 흐르고 있다는 사실을 체험하게 된다.

요한은 여기서 아가페에 대해 말한다. 그리스인들은 또한 사랑에 관한 다른 형태들도 안다. 열망하는 사랑인 에로스는 나로 하여금 다른 사람에게 이끌리게 한다. 친구들 간에 갖는 사랑인 필리아는 친구가 있는 그대로의 모습에 기뻐한다. 아가페는 순수한 사랑이다. 그리고 이것은 최종적으로는 신적 사랑이다. 그것은 느낌 이상의 것이다. 이것은 일종의 힘[eine Kraft]이고 삶의 품질[eine Qualität des Lebens]이다. 이것은 하나의 샘이다. 그러나 나는 이 아가페를 에로틱한 사랑의 한가운데서 그리고 우정의 한가운데서 체험한다. 이깃은 다른 형태의 사랑들도 길어올려 먹고사는 샘이다. 내가 누구에게 반한 것을 통해, 에로틱한 사랑을 통해, 어떤 친구에 대한 사랑을 통해 나는 아가페와 접촉하고 신적 사랑의 샘과 접촉한다. 이러한 것에 대해 아는 것은, 어떤 사람에 대한 나의 사랑에 지나친 기대를 갖는 것을 벗어나게 한다. 나는 상대편이 한정된 사랑으로 나에게 다가오는 것에 대해서 기뻐할 수 있다. 그의 사랑이 나의 가장 깊은 동경을 채워야만 하는 것은 아니기 때문이다. 그 사랑은 나를 위한 모든 것이 되어야만 하는 것이 아니다. 그 사랑은 그보다 더 내 안에 들어 있는 사랑의 샘을 나에게 가리켜준다. 요한은 우리가 서로 주고받는 사랑이 우리 안에 있는 신적 사랑을 가리키고, 이 신적 사랑은 우리의 인간적인 사랑을 완성하고 온전하게 만들어 본질적인 목표에 도달하게 한다고 말한다.

요한은 사랑에 관한 혁명적인 신학을 전개했다. 사랑은 우리가 하느님을 직접 체험할 수 있는 장소다. 모든 인간적인 사랑 안에서, 그것이 쉽게 깨어질 수 있는 보잘것없는 사랑이라 할지라도, 우리는 하느님을 체험한다. 좀더 말하자면 이러한 깨어지기 쉬운 사랑 안에서 하느님은 우리 안에 계신다. 여기서 우리는 우리 안에서 사시는 하느님을 접촉하게 된다. 이러한 방식으로 요한은 우리에게 사랑의 새로운 관점을 중개하고자 한다. 우리의 구체적인 사랑체험에서 채워지지 않은 상태로 머문 것에 대해 불평을 하기보다는 우리를 제한된 사랑에서 무한한 신적 사랑의 샘으로 인도하게 해야 한다. 이러한 관점은 우리의 깨어지기 쉬운 사랑에 가치를 제공한다. 요한은 다른 한편으로 우리의 사랑이 어떻게 성공할 수 있는지를 보여 준다. 우리가 결코 마르지 않는 신적 사랑의 샘으로부터 길어 올리면, 사랑이 말라 버리면 어떻게 하나, 다른 사람을 위한 감정이 사라져버리면 어떻게 하나와 같은 두려움이 사라지게 된다. 우리 안에는 사랑이 지닌 깨어지기 쉬운 모든 것과 더불어 결코 마르지 않는 신적 사랑의 샘이 있다. 신적 사랑을 즐기기 위해 이러한 샘으로 다가가는 것은 하느님을 체험하는 길 중의 하나다. 감사하는 마음으로 이러한 샘으로 다가가는 사람은 형제들과 자매들을 사랑할 능력도 갖게 된다. 그리고 그에게는 자신의 배우자를 사랑하는 일도 쉬워진다. 이 사랑은 다른 사람에 대한 지나친 기대로 과도하게 적재되어 있지 않기 때문이다. 나는 다른 사람들에게 절대적인 사랑을 기대하는 것이 아니라 한계가 있는 사랑을 기대한다. 그러나 이 사랑은 나로 하여금 나의 영혼 밑바닥에 있는 무한한 사랑에 관심을 기울이도록 가리킨다. 나는 어떤 사람에게 사랑에 대한 나의 동경을 채워주기를 기대하는 것이 아니라, 그가 나에게 보여준 사랑으로 내 안에서 솟아오르는 사랑의 샘에 대한 동경을 일깨워주기를 기대한다. 이 사랑의 샘은 최종적으로는 하느님이다. 내가 나의 영혼 밑바닥에서 이 사랑을 체험한다면 그것은 내가 하느님을 체험하는 것이다.

우리의 의식에 떠오르지 않은 상태로 자주 머무는 이 사랑의 샘으로 나아가는 길은 인간적 사랑의 구체적인 체험을 거친다. 우리가 때때로 자신을 닫아버리는 형제, 까다로운 자매, 호감이 가지 않는 이웃 사람들을 사랑하면 신적 샘과 접촉하게 된다. 우리는 일상생활에서 체험하는 배우자에 대한 우리의 사랑과 우리에 대한 배우자의 사랑을 통해 이 샘으로 다가간다. 아우구스티누스 성인은 "Cantare amantis est"라고 한 말을 통해 우리에게 또 하나의 입구를 보여 준다. 이 말은 "사랑하는 사람은 노래한다. 그는 노래를 통해 자신의 사랑을 표현한다"고 번역될 수 있다. 이 말은 다음과 같이 다르게도 해석할 수 있다. "노래하는 사람은 그 자신 안에서 흐르고 있는 사랑에 접촉하게 된다". 이 사랑은 이미 고갈된 것으로 보이는 우리 안에 있는 샘과 같다. 노래하는 것을 통해 우리 안에 이 샘의 수면이 높아져 우리의 의식을 뚫고 올라와서는 우리의 말, 생각 그리고 행동에 영향을 미친다.

자신의 영혼 안에 있는 사랑의 샘에 도달하는 또 하나의 길은 성경의 말씀을 통해 가능할 수 있다. 가끔 성경의 말씀은 우리에게 와 닿아 영혼의 밑바닥에서 졸고 있는 사랑을 일깨운다. 나는 이사 43,4의 말씀이 나의 마음속으로 들어오도록 허락한다.

> 네가 나의 눈에 값지고 소중하며
> 내가 너를 사랑하기 때문이다.
> 내가 너 대신 다른 사람들을 내놓고
> 네 생명 대신 민족들을 내놓는다.

이와 같은 말씀은 내 영혼의 밑바닥에 있는 사랑의 샘이 솟아오르게 하여 의식 세계로 나아오게 한다. 예수님은 사람들이 당신의 말씀으로 이미 자신 안에 거주하는 사랑을 만나게 되는 것을 명백하게 말씀하셨다. 나에게는 요한 15,11의 말씀에서 이러한 사실이 명백하게 된다.

> 내가 너희에게 이 말을 한 이유는, 내 기쁨이 너희 안에 있고 또 너희 기쁨이 충만하게 하려는 것이다.

예수님은 기쁨에 대한 당신의 기분이 — 당신의 사랑이라고 말할 수도 있다 — 당신의 말씀을 통해 우리 안에 들어오는 것에서 시작한다. 당신의 기쁨과 사랑이 우리로 하여금 우리의 영혼 안에 이미 있는 기쁨과 사랑의 샘을 만나게 한다. 이 샘은 우리가 그 위에 걱정과 두려움 그리고 일상생활의 소소한 요소들을 놓아두기 때문에 자주 물이 말라버릴 위험에 놓인다. 예수님의 말씀이 우리에게 닿으면, 그 말씀은 오직 우리 영혼의 밑바닥에서 흐르는 이 샘이 솟아오르게 하여 우리의 생각과 느낌을 변화시키고 사랑으로 가득 차게 한다.

신적 사랑과 인간적 사랑이 함께함

예수님은 이웃에 대한 사랑과 하느님께 대한 사랑을 지니고 계시고, 인간적 사랑과 신적 사랑을 밀접하게 결합시켜 놓으셨다. 그런데 우리는 이렇게 밀접하게 결합된 것을 분리시켜 놓을 위험 속에 언제나 다시 빠져든다. 한편으로는 순전히 인간적 사랑에 제한될 경향을 갖고 있다. 하느님의 사랑은 많은 사람들에게 너무 추상적이기만 하다. 이들은 하느님의 사랑을 느낄 수 없다고 여긴다. 그래서 인간적 사랑에만 관심을 둔다. 이것만 내가 느낄 수 있는 것이기 때문이다. 그리고 이것만이 나를 참으로 채워준다. 그러면 인간적 사랑은 그것의 결코 마르지 않는 원초적인 샘인 우리 영혼의 밑바닥에서 흐르는 신적 사랑을 잃는다. 다른 한편의 경향은 인간적 사랑을 건너뛴다. 바로 수도자들이 그렇게 하는데, 이들은 하느님의 사랑만으로 충분하다는 생각을 가끔 한다. 예수님께 대한 사랑은 한 남자나 한 여자에게 대한 사랑을 상쇄할 수 있다고 생각한다. 그렇기 때문에 인간적인 사랑이 필요 없다고 여긴다. 이러한 관점은 인간적 사랑의 가치를 떨어뜨리고 그것을 단순한 욕구 충족 정도로 저하시킨다. 그렇지만 이러한 관점은 사랑의 본질을 제대로 존중하지 않는 것이다.

사랑을 인간적 사랑으로 축소하는 것은 우리에게 너무 많은 것을 요구하게 된다. 그렇게 되면 우리는 이 사랑을 온전히 인간적 샘으로부터 계속 길어 올려서 채워야만 하기 때문이다. 그러나 이 샘은 한계가 있다. 신적 사랑으로 축소하는 것은 임시 해결책에 지나지 않는다. 이것은 인간적 사랑을 건너뛴다. 두 가지 형태의 사랑은 윤리적인 측면에서만이 아니라 사랑의 본질에 의해서도 함께 속한다. 인간적 사랑은 종종 매우 감성적이다. 하느님의 사랑을 우리는 단지 추상적으로, 단지 표상 안에서 체험한다. 인간적 사랑을 체험하면 비로소 감성적인 측면이 하느님께 대한 우리의 사랑 안에도 또는 우리에 대한 하느님의 사랑 안에도 흘러 들어오게 한다. 그러면 우리는 묵상할 때 호흡 안에서 하느님의 사랑이 어떻게 우리 안으로 들어오는지, 하느님의 사랑이 호흡 안에서 어떻게 우리의 몸을 쓰다듬어 주시는지 생각해낼 수 있다. 또한 우리는 햇빛 안에서 하느님의 사랑이 우리의 온몸을 어떻게 파고드는지, 인간적 사랑이 몸을 어떻게 따뜻하게 하고 끓어오르게 하는지 생각해낼 수 있다. 인간적 사랑은 신적 사랑도 기른다. 그리고 역으로도 마찬가지다. 신적 사랑은 인간적 사랑을 받쳐준다. 우리는 인간적 사랑이 부서지기 쉬운 것이라는 사실을 자주 체험한다. 인간적 사랑은 부서질 수 있고 사라지고 말 수 있다. 어느 날 갑자기 더 이상 존재하지 않는다. 그러면 하느님의 절대적 사랑에 대한 믿음이 등장한다. 그것은 기분과는 상관없이 우리에게 언제나 주어져 있고, 우리가 그 위에 건설해 나갈 수 있는 토대다. 그러면 우리는 이러한 인간적인 사랑이 깨어진 것에 의해 우리 자신이 깨어지는 것이 아니라 결코 깨어지지 않는 신적 사랑을 위해 나아가게 된다. 이러한 사실에서 우리는 다시 인간적인 사랑을 해나갈 수 있고 그것이 말라버릴 수 있다는 사실에 대한 두려움 없이 인간적인 사랑을 즐길 수 있다.

신적 사랑과 인간적 사랑이 함께 하는 것에 대한 또 하나의 관점이 있다. 많은 심리학자들이 이렇게 말한다.

> 어린 시절 부모로부터 사랑을 적게 받은 사람은 하느님의 사랑에 대해서도 믿을 수 없다. 그에게는 하느님의 사랑에 대한 말들이 단순히 울림이나 연기에 지나지 않는다.

이것은 충분히 자주 사실일 수 있다. 그렇지만 인간적 사랑의 결핍이 성경의 한 말씀을 통해 또는 개인적인 하느님 체험을 통해서 치유될 수 있는 체험도 있다. 우리가 세례를 받을 때 들었던 "너는 나의 사랑하는 아들이다, 너는 나의 사랑하는 딸이다"라는 말이 어느 날 갑자기 어떤 여인의 마음을 두드렸다. 그녀는 이 말을 이미 자주 들었지만 그녀 안에 어떤 움직임도 일으키지 않았다. 그런데 어느 날 갑자기 하느님께서 직접 이 말씀을 통해 그녀의 마음을 움직였다. 그렇게 하여 사랑에 대한 결핍이 치유되고 말았다. 사랑받지 못했다고 언제나 느끼고 있던 한 남자가 휴가 중에 어떤 깊은 체험을 했다. 그는 어느 한 긴 의자에 앉아서 석양을 바라보고 있었는데, 갑자기 자신이 하느님의 사랑에 의해 둘러싸여 있음을 느꼈다. 사람이 자기 스스로 이러한 체험들을 불러일으킬 수는 없다. 이러한 체험들은 어떤 사람에게 선물로 주어지는 것이다. 하느님의 사랑은 깜짝 놀랄 방식으로 우리에게 갑자기 주어진다. 우리는 이 체험을 피할 수 없다. 그러면 우리는 사랑의 결핍으로 생긴 우리의 깊은 상처가 갑자기 치유되는 체험을 하게 된다. 물론 이러한 치유가 언제나 똑같은 강도로 진행되는 것은 아니다. 때로는 우리가 한순간에 치유된 것을 느낄 때가 있다. 그러나 어떤 사람이 우리를 비판하거나 말로써 다치게 하면 그 다음 순간 즉시 옛 상처가 다시 들고 일어난다. 그렇지만 우리를 온전히 치유했던 그 사랑, 우리를 압도했던 그 사랑을 받아들이고 우리의 삶과 화해했던 순간의 체험에 대한 기억은 이러한 상처를 상대화시킬 수 있다. 그리고 언젠가는 하느님의 사랑이 충분히 강하여 상처를 입히는 말들이 더 이상 우리에게 어떤 힘도 지니지 못하게 될 수 있다.

4장 영적 지도자나 치료 전문가를 통한 치유

많은 심리학자들이 사랑의 결핍으로 병든 사람을 치유하는 것은 심리학적 방법이 아니라 최종적으로는 치료 전문가의 사랑이라고 강조한다. 심리학자들은 공감[Empathie]에 대해, 치료 전문가가 다른 사람의 입장을 헤아릴 수 있는 능력, 그를 이해하는 능력과 호감을 가지고 대할 수 있는 능력을 지니고 있는가에 대해 말한다. 역동적 심리학[dynamische Psychologie]의 대변자 중 한 사람인 로저(C. Rogers)는 이것을 내담자에 대한 무한하고 대단한 가치가 있는 참여이고 무조건적인 애정과 관심이라고 칭했다. 내담자는 어린 시절에 겪은 사랑체험의 결핍을 해결할 수 있기 위해서 무조건적인 사랑의 체험을 필요로 한다.

내담자가 치료 전문가로부터 그러한 무조건적인 사랑을 체험하면 때로는 그를 대상으로 사랑에 빠져든다. 그러면 심리학에서 "전이"[Übertragung]라고 부르는 것이 발생한다. 치료 전문가의 과제 중 하나는 내담자가 그 전이를 되돌려 받도록 하는 것이다. 내담자는 그가 치료 전문가에게서 체험하는 사랑을 자기 자신 안에서 느껴야만 한다. 그러면 그 사랑은 그를 치유하게 된다. 그러나 그 내담자가 자신의 사랑을 계속해서 치료 전문가에게 쏟으려고 하면 그것은 그를 치료자와 구원자로 만들게 되어 그가 감당할 수 없는 지나친 것을 요구하게 된다. 그리고 그 내담자는 자신과 자신의 치유과정을 치료 전문가에게 의존하게 된다. 치료 전문가는 치유의 길에 함께하는 동행자이지 치료하는 존재는 아니다. 치료와 영적 동반의 목표는 사랑의 결핍으로 고통을 받아서 사랑에 대해 마음의 문을 닫은 사람이 다시 사랑할 수 있도록 하는 것이다. 로저는 치료의 목표는 내담자로 하여금 치료의 과정에서 자신의 삶의 체험들에 대해 점점 더 개방적이 되고, 자기 자신과 이웃들에게도 더 상냥하고 부드럽게 되며, 더 섬세하고 조심스럽게 되며, 진리 전체에 대면해 나설 준비를 갖추고 자기 자신을 있는 그대로 받아들이고 사랑하도록 하는 것으로 보았다. 뮌헨 출신의 가톨릭 신자이자 정신과 의사인 알베르트 괴레스(Albert Görres)는 치료

과정에서 내담자가 미움, 질투, 복수심과 같은 부정적인 느낌들에 대면하여 이러한 느낌들의 밑바닥에서 사랑, 공감과 같은 다른 감정들을 발견할 수 있도록 해야 한다고 한다. 치료 중에 꽁꽁 얼어붙었던 미운 감정이 의식에 떠오르게 되고 이러한 방법으로 눈 녹듯이 녹아 없어지게 된다. 그렇게 하여 이전에 미워했던 사람에 대해 사랑에 찬 감정으로 대하도록 변한다. 치료 중에 자신의 진면목과 대면한 사람은 괴레스가 말한 대로 이전보다 훨씬 더 평화롭게 되고 사랑으로 차게 되며 상대편의 감정을 헤아릴 준비를 하게 된다. 영적 동반도 같은 목표를 갖는다. 영적 동반은 내담자와 함께 자신의 영혼 깊은 곳으로 내려가서 그곳에 있는 미움, 질투, 피학대음란증(Masochismus, Sadismus), 마음의 고통, 상처들의 밑바닥에서 사랑을 발견하도록 한다. 이 사랑은 우리가 그것을 느끼지 못하고 있었지만 이미 우리 영혼의 밑바닥에 존재하고 있는 것이다. 영적 동반의 관건은 이 사랑을 단순히 감정으로만 이해할 것이 아니라 신적 사랑으로, 우리 인간적인 사랑의 샘으로 이해하고 열매를 맺도록 하는 것이다.

하느님의 사랑으로 인도하는 영적 동반

치료의 과정에서 내담자가 사랑에 가득 찬 마음으로 자신의 상처들을 대함으로써 그리고 상처들 속에서도 어린 시절에 했던 사랑에 대한 긍정적인 체험들을 발견함으로써 치유가 이루어진다. 오늘날 사람들은 치료 전문가는 내담자가 자신이 지닌 자원들, 자신의 건강한 샘들을 발견하도록 도와 주어야 한다고 말한다. 그리고 이러한 건강한 샘들에 사랑에 대한 체험들이 속한다. 깨어지기 쉬운 모든 것에도 불구하고 부모가 어린 아이에게 전해 준 사랑이 있다. 부모의 사랑이 충분하지 못했을 수는 있다. 그러나 하여간 부모가 사랑을 준 것은 틀림없는 사실이다. 그들은 그들이 지닌 것을 주었다. 그리고 우리는 이 사랑에 대해 감사하는 마음으로 회상해야 한다. 또한 아이들이 조부모로부터 체험한 사랑이 있다. 또한 전례와 기도에서 체험한 사랑과 다정한 품에 안겼던 상태에 대한 체험이 있다.

영적 동반에서도 치료에서와 마찬가지로 많은 부분에서는 같은 주제들이 관건이다. 그러나 이에 더 나아가 다음과 같은 질문에 대해서도 다룬다. 어린 시절의 상처들과 마음의 고통들을 하느님의 사랑과 대면시켰을 때 이들을 어떻게 보는가? 너의 상처들이 더 깊은 곳에 있는 하느님 사랑의 샘을 만나도록 하기 위해 존재하는 것일 수는 없을까? 너의 깨진 자국투성이의 어린 시절이 하느님 사랑의 튼튼한 토대를 알려준 것은 아닐까? 다음은 치유의 첫 번째 길이다. 나의 상처들은 하느님의 사랑을 위해 찢어진 것이다. 하느님의 이 사랑은 상처받은 존재로서의 내가 깊은 방식으로 체험할 수 있는 것이다.

영적 동반에서 또 하나의 발걸음은 상처받은 사람들을 하느님의 사랑으로 인도하는 것이다. 사랑을 받지 못한 것으로 느끼는 사람을 상대로 이러한 작업을 하는 것은 쉬운 일이 아니다. 이러한 사람들에게 하느님의 사랑에 대해 말하는 것은 조롱하는 말로 들릴 수 있다. 네덜란드의 신학자이자 심리학자인 헨리 나웬(Henry Nouwen)은 오늘날 세속화된 세계에서 사랑을 받지 못한 것으로 느끼는 사람들에게 어떻게 하면 하느님의 사랑에 대해 말할 수 있을까에 대해 언제나 다시 고심했다. 그런데 그의 친구 중 하나가 그에게 용기를 불어넣었다. 그는 다음과 같은 요청을 했다.

우리 마음 안에 자리한 깊은 동경에 대해 말해다오.

> … 우리의 감정적 욕구들을 해소하기 위한 새로운 방법
> 들에 대해서가 아니라 사랑에 대해 말해다오(나웬, 『너는
> 사랑받는 사람이다』, 20).

상처받은 사람들에게 하느님의 사랑에 대해 말하기 위해서는 대단히 깊은 주의가 필요하다. 이들은 자신 안에서 다른 음성들을 들은 것이다.

> 너는 아무 쓸모도 없어. 너는 정말 어찌할 수 없는 존재야. 누구도 너를 견딜 수 없어.

이러한 말들은 최종적으로는 저주하는 말이다. 사람들은 축복의 말을 동경한다. 축복이란, "benedicere", 사람에 대해 좋은 말을 하는 것이다. 이러한 좋은 말들에 다음과 같은 말이 속한다.

> 너는 온전히 그리고 전적으로 사랑받았다.

그러나 말만으로는 충분하지 않다. 자신의 고유한 영향력으로 감싸져야만 한다. 그가 이야기하는 것을 내가 평가하는 것이 아니라 그의 상처들과 내적 카오스들과 더불어 그를 무조건 받아들이는 것을 그가 느껴야만 한다.

때로는 내담자에게 에르네스토 카르데날(Ernesto Cardenal)이 쓴 『사랑의 책』과 같은 낯선 읽을거리를 주는 것도 도움이 될 수 있다. 내담자는 집에서 이러한 말을 읽고 마음에 들어서 간직하게 될 수 있다. 그에게 사랑에 관해 확신시켜주거나 가르치려고 애를 써야 하는 것이 아니다. 그보다는 훨씬 더 우리가 그에게 이러한 사랑에 대해 믿게 하는 텍스트들을 제공하고자 하는 것이다. 만약 내담자가 에르네스토 카르데날의 말을 주의 깊게 읽는다면 그는 그 말의 마력에서 빠져나가기가 거의 불가능할 것이다. 카르데날은 하느님의 사랑이 어디서나 우리를 감싸고 있는 사실에 대해 서술했다. 우리는 이 사랑을 인지할 필요가 있다.

> 하느님의 사랑은 모든 측면에서 우리를 감싸고 있다. 하느님의 사랑은 우리가 마시는 물이고, 우리가 호

4장 영적 지도자나 치료 전문가를 통한 치유

흡하는 공기이며, 우리가 보는 빛이다. 모든 자연적인 현상은 하느님 사랑의 다양한 물질적 형상들에 지나지 않는 것이다. 우리는 물고기가 물속에서와 마찬가지로 하느님의 사랑 안에서 움직인다(카르데날, 『사랑에 관한 책』, 34).

섬세하게 읽는 모든 독자의 마음을 움직이는 또 하나의 텍스트는 예수님이 루카복음에서 말씀하신 잃어버린 아들에 관한 비유다. 물려받은 재산을 흥청망청 탕진하여 자신의 삶을 온전히 망쳐버린 둘째 아들은 아버지께로 돌아온다. 아버지는 그에게 어떤 비난의 말도 던지지 않는다. 아버지는 아들을 향해 달려가서 그를 끌어안고 입맞춤을 한다. 그리고 다음과 같은 말로써 흥겨운 잔치를 열도록 한다.

> 먹고 즐기자. 나의 이 아들은 죽었다가 다시 살아났고 내가 잃었다가 도로 찾았다(루카 15,23 이하).

하느님의 사랑에 대해 추상적인 말만 하는 것으로는 충분하지 않다. 하느님의 사랑은 체험되어야만 한다. 루카는 뛰어난 이야기꾼이다. 그는 이 비유를 독자가 이러한 무조건적인 사랑의 기적 안으로 빨려 들어가는 언어로 이야기한다. 이 언어가 사랑을 전달한다. 이 언어는 사랑에 대해 말만하는 것이 아니라 듣는 사람이나 읽는 사람에게 사랑이 도달하도록 한다.

우리가 영적 동반에서 내담자에게 제공하는 이 모든 텍스트는 우리 자신이 이 텍스트들의 진리를 우리의 몸 전체로 비추어 낼 때에 비로소 내담자 안에 있는 사랑의 결핍을 치유한다. 내담자는 우리의 눈에서 그에게로 비추어 나아가는 사랑을 보아야 한다. 그는 우리가 말하는 방식 안에서, 목소리의 온기 안에서 사랑을 느껴야 한다. 우리가 어떤 방식으로 그와 함께 있고 그를 대하는지 그 방식과 태도에서, 그리고 사람들에 대해 어떻게 말하는가에서 그는 우리의 말들이 사랑을 전달하는지 아니면 사람을 무시하는지 인식할 수 있다. 내담자는 우리의 몸자세에서 우리가 그를 가득 찬 사랑으로 어떤 선입견도 없이 대하는 것을 느끼고 싶어 한다.

예수님의 예: 귀머거리의 치유

예수님은 사람들을 만남으로써 그들을 치유하셨다. 사람들은 이러한 만남 안에서 그분의 무조건적인 사랑을 느꼈다. 그러나 이 사랑은 전적인 요청이기도 했다. 예수님은 당신의 사랑으로 병자도 무엇인가 하도록 했다. 당신의 사랑으로 병자들 안에 든 힘들을 불러일으켜서 그들이 누군가가 자신을 조심스레 일으켜주기를 기다리지 않고 스스로 일어날 용기를 발견하게 했다. 나는 예수님의 사랑을 통한 치유방법을 귀머거리를 치유한(참조: 마르 7,31-37) 구체적인 예를 들면서 서술해 나가겠다.

사람들이 예수님께 귀머거리 한 사람을 데리고 왔다. 이 사람이 귀머거리가 된 원인은 애정결핍으로 간주할 수 있다. 그는 다른 사람들이 자신이 하는 말을 들어주지 않았기 때문에, 또는 자신의 말을 우습게 여겼기 때문에 귀를 먹게 된 것이다. 어린아이는 냉정하고 사랑이 없는 분위기에서 귀를 먹게 된다. 그는 어떤 말도 할 수가 없다. 그리고 아무 말도 할 것이 없다. 그의 말이 어떤 반향도 얻지 못하기 때문이다. 어떤 사람들은 나에게 다음과 같이 말한다.

그들은 어렸을 때 하고 싶은 말을 할 수 있었습니다. 그러나 그들이 말할 때마다 사람들은 꾸지람을 했습니다. 그들의 말은 결코 들어지지 않았고 언제나 거부되었습니다.

이렇게 되면 시간이 흐를수록 차차 귀를 먹게 된다. 귀를 먹은 상태 자체가 사랑의 결핍을 가리킨다. 어린아이는 꾸지람만 늘 듣게 되면 자신의 귀를 닫게 된다. 그는 더 이상 어떤 것도 듣지 않는다. 또는 말들이 한쪽 귀로 들어가더라도 다른 귀로 흘러나가 버리고 만다. 이러한 것은 그 어린아이가 그렇게 사랑이 없는 환경에서 살아남기 위해 동원한 일종의 방어 체계다.

예수님은 귀머거리를 여섯 단계로 치유하신다. 이 여섯 단계들 안에서 당신의 사랑이 온몸으로 체험된다. 첫 번째 단계는 예수님이 그를 군중으로부터 떼어 놓으시는 것이다. 예수님은 신뢰의 공간, 가깝고 친밀한 공간을 만드신다. 귀머거리는 예수님의 사랑을 느끼고 그것을 믿을 수 있기 위해 이러한 가까이 접근해 있는 공간을 필요로 한다. 사랑은 어떤 구경꾼도 필요로 하지 않는다. 사랑은 잘 보호된 공간을 필요로 한다. 두 번째 단계는 예수님이 병자의 귀에 손가락을 넣는 것이다. 병자는 자신이 말을 할 때마다 거부되고 비판되는 것을 들었기 때문에 자신의 귀를 닫았다. 예수님은 그에게 다음과 같은 것을 알려주고자 한다.

> 너의 귀에 닿은 모든 말은 어떤 사람이 너와 관계를 맺고자 하는 것이다. 소리가 클 경우에도 그것은 다른 사람이 너에게 가진 관심을 드러내는 것이다. 비판적인 말들 안에도 가치를 인정하는 것과 사랑이 들어 있는 것이므로 그런 말도 들어야 한다. 네가 어린아이였을 때 사람들로부터 들은 모든 말이 상처를 주는 말들이기만 한 것으로 간주하지 말자.

세 번째 단계는 예수님이 손에 침을 묻혀서 그 남자의 혀에 갖다 대시는 것이다. 이것은 일종의 모성적인 몸짓이다. 아이가 다친 경우에 어머니가 즉시 그 상처에 자신의 침을 바르며 이렇게 말한다.

이제 곧 좋아질 거야.

이러한 몸짓을 통해서 아이는 어머니의 사랑을 몸으로 느낀다. 그 어머니는 평가를 하지 않는다. 다음과 같은 것은 모성적인 사랑의 가장 두드러진 특징이다.

평가하지 않기, 비판하지 않기, 비난하지 않기.

내담자는 그가 나에게 보여준 것에 대해 내가 평가하는 것을 느낄 경우 입을 다물고 만다. 그는 나의 표정 안에서 그리고 당연히 나의 말들 안에서 나의 평가를 느끼고, 그가 나에게 제공한 것에 대해 내가 어떤 대답을 하는지 느낀다. 평가하는 데에는 두 가지 방법이 있다. 하나는 윤리화하는 방법이다. 나는 병자에게 그가 그런 식으로 생각하거나 말해서는 안 된다는 것을 전한다. 그것은 나쁘고 하느님의 계명을 어기는 것이기 때문이다. 나는 그에게 죄의식을 불러일으킨다. 이러한 것은 그로 하여금 벙어리가 되게 한다. 다른 하나는 심리적으로 접근하는 것이다. 나는 내담자에게 그가 심리적으로 병들었다고 전한다. 나는 그가 나에게 보여준 모든 것을 병리학적으로 관찰한다. 그의 두려움은 두려움 병의 신호다. 그의 슬픈 감정은 우울증의 신호다. 이러한 병리학적 관찰 역시 벙어리가 되게 한다. 오직 내담자가 모든 것을 말할 수 있을 때 그리고 그는 내가 어떤 것도 비판하지 않고, 그를 어떤 한 서랍 안으로 떠밀어 넣지 않는다는 것을 느낄 때, 비로소 서서히 믿음을 키우게 되고 그의 마음에 부담스러운 모든 것에 대해 말하게 된다. 그러면 그는 다음과 같이 느낀다.

여기서는 내가 어떤 존재여도 되는구나, 모든 것이
사랑으로 가득 찬 눈길로 취급되는구나.

네 번째 단계는 예수님이 하늘을 향해 올려다보시는 것이다. 이것으로 예수님은 치유는 최종적으로 언제나 하느님으로부터 오는 기적이라는 사실에 대한 신뢰를 표현하신다. 치료 전문가 또는 영적 동반자는 대단히 많은 사랑을 동원할 수 있지만 그것으로 병자가 치유될 것이란 보증은 할 수 없다. 내가 치유되기 위해서는 하늘로부터 우리 위로 내려오는 하느님의 사랑에 대한 직감력이 필요한 것이다. 그리고 하느님의 사랑이 마치 하늘과 같이 내 주위를 둘러싸고 있고 나를 감싸 안는 체험이 필요하다.

　다섯 번째 단계는 예수님이 한숨짓는 것이다. 어린 시절 어떤 사랑도 체험하지 못한 사람들은 자신의 감정을 표현해 낼 수 없다. 이들은 자신의 감정들로부터 분리되어 있다. 감정들을 드러내는 것은 이들에게 너무나 큰 아픔이 되기 때문이다. 이들에게는 감정을 내보이는 것은 또 하나의 새로운 상처를 받게 될까 두려워하는 것과 언제나 연결되어 있다. 그렇기 때문에 이들은 자신의 감정들을 자신이 안전하다고 여기는 벽 뒤나 온전히 객관화시킨 언어 뒤에 숨겨버린다. 예수님은 동시에 귀머거리가 자신의 귀먹은 상태 뒤에 숨어 있는 감정들을 그를 대신하여 그를 위해 밖으로 표출하신다. 이러한 것은 우리가 영적 동반에서 자주 하는 체험들 중 하나다. 내담자는 자신의 문제들에 대해 단지 객관적으로만 말한다. 그러면서 그는 자신의 감정들을 밖으로 표현해 내지 못한다. 그러할 때 때로는 동반자가 그 감정들을 넘겨받는다. 예를 들자면, 나는 어떤 친절한 사제를 동반했다. 그는 언제나 친절하고 미소를 지었다. 그러나 한 시간의 대화를 한 후 나는 완전히 공격성으로 가득 차고 말았다. 처음에 나는 그가 나로 하여금 나를 다치게 했기에 그에게 공격적인 어떤 사람을 떠올리게 한 것으로 여겼다. 그러나 여러 명이 함께 한 그룹 대화에서 우리는 그가 수동적 공격성을 지니고 있었다는 사실을 인식하게 되었다. 외적으로 그는 친절했다. 그러나 이러한 친절한 벽들 뒤에는 많은 공격성들이 숨어 있었다. 동반자는 억압된 공격성들을 감지한다. 우리가 예수님처럼 행동한다면, 우리는 내담자가 자신의 고유한 감정들과 접촉할 수 있는 기회를 갖도록 하기 위해 이러한 감정들을 표현해 낸다.

여섯 번째 단계는 예수님이 귀머거리를 향해 "에파타!"(Effata!)라고 말하는 것이다. 이 말은 "열려라!"라는 의미다. 예수님은 다섯 단계들 안에서 사랑을 통해 신뢰의 분위기를 조성하신 뒤 이제 귀머거리에게 자신의 마음 안에 있는 것을 뱉어내 버릴 수 있고 그를 사랑하는 사람들을 만날 수 있는 믿음을 가지도록 용기를 북돋울 수 있게 되었다. 마르코는 이러한 여섯 단계들의 결과를 다음과 같이 이야기한다.

> 그러자 곧바로 그의 귀가 열리고 묶인 혀가 풀려서
> 말을 제대로 하게 되었다(마르 7,35).

사랑은 혀를 묶은 사슬을 풀고 귀머거리가 제대로 말할 수 있는 능력을 갖도록 했다. 그리스말로는 이것을 "lalein"이라고 한다. 이 말은 말로 그린 그림이다. 이것은 아이의 옹알이를 의미한다. 말하자면 내가 나의 감정들을 표출하는 개인적 말인 것이다.

예수님이 귀머거리를 치유한 방법은 우리에게 내담자를 큰 사랑으로 맞이하게 하는 요청이다. 그러나 이 사랑은 단순히 일종의 기분에 지나지 않는 것이 아니다. 이 사랑은 또한 몸짓과 개인적 애정으로 이 병자에게 표현되고자 한다. 사랑은 가까움을 드러낸다. 그러나 사랑은 내담자가 필요로 하는 거리 유지도 존중한다. 사랑은 서서히 신뢰의 분위기를 조성하여 병자로 하여금 자신을 개방할 용기를 내게 한다.

받아들일 수 없는 것을 받아들이는 것으로서의 사랑

어린 시절 사랑을 너무 적게 받은 사람은 자기 자신을 받아들이기를 힘들어한다. 이들은 부모와 선생님들 그리고 그의 주변 사람들로부터 있는 그대로의 자신이 받아들여지지 않은 체험을 했다. 그렇기 때문에 이들은 자신도 있는 그대로의 자신을 받아들일 수 없는 것이다. 동시에 이들은 아무런 조건도 없이 자신을 있는 그대로 받아들이는 사람을 그리워한다. 사람들로부터 받아들여지고 싶은 욕구가 대단히 크기 때문에, 이들을 받아들이려는 시도를 하는 사람들은 이들이 자신을 꽉 붙들고 다시는 놓아주지 않을지도 모른다는 두려움으로 다시 뒤로 물러나곤 한다. 예수님에 의해 나병 환자가 치유되는 것은 자기 자신을 받아들일 수 없는 사람이 다른 사람의 사랑을 통해서 어떻게 치유될 수 있는가를 우리에게 보여주고 있다(참조: 마르 1,40-45).

어떤 나병 환자가 예수님께 와서 도움을 요청했다. 그는 예수님 앞에 무릎을 꿇고 다음과 같이 말했다.

> 스승님께서는 하고자 하시면 저를 깨끗하게 하실 수 있습니다(마르 1,40).

자기 자신을 받아들일 수 없는 사람은 다른 사람들로부터도 받아들여지지 않는 것으로 느낀다. 이들은 어떤 눈길이나 어떤 말도 모두 거부하는 것으로 해석한다. 이들은 ― 당시의 나병 환자들처럼 ― 따로 떨어진 집에서, 다른 사람들과 관계를 끊은 상태로, 그리고 공동체로부터도 멀어진 상태로 살아간다. 나병 환자는 자기 자신을 받아들이지 않고 다른 사람들을 거부한 악순환에서 자기 혼자만의 힘으로는 벗어나지 못한다는 것을 인지한다. 그는 어떤 사람의 사랑을 필요로 한다. 그러나 자신의 말로 모든 책임을 예수님께 전가했다. 예수님이 그를 깨끗하게 하셔야 하는 것이다. 나병 환자는 자신은 어떤 것도 하지 않으면서 예수님으로부터 어떤 기적을 기대한다. 예수님은 이러한 전적인 책임을 몰아내신다.

 예수님은 네 단계로 치유하신다. 그분은 동정심을 갖고 있다. 자기 자신을 받아들일 수 없는 사람에게 자신을 여신다. 그의 상태 안으로 깊이 공감해 들어가신다. 그를 외부에서만 다루지 않는다. 이 동정심 안에서 당신의 사랑을 표현하시며 손을 내미신다. 그분은 사랑의 결핍으로 관계를 맺을 능력이 없게 된 사람과 관계를 맺으신다. 그리고는 ― 세 번째 단계로 ― 그 나병 환자를 만지신다. 우리는 쓰라림과 불만족으로 가득 찬 사람과 참된 접촉을 갖기를 자주 두려워한다. 그의 내적 오물에 의해 더러워질까 봐 두려움을 갖고 있는 것이다. 그러나 예수님은 접촉에 대한 어떤 두려움도 없다. 온전히 자신의 중심에 계신다. 하느님과 결합되어 있다. 그 병자를 만져서 그로 하여금 자기 자신과 접촉하게 하신다. 그리고 다음과 같은 말씀을 하신다.

> 내가 하고자 하니 깨끗하게 되어라.

이 말씀은 '나는 너를 온전히 받아들인다. 그러나 이제 너에게 '그래, 좋아'(Ja)라고 하는 것은 너의 과제이기도 하다. 나는 너를 사랑하기 때문에 너를 만진다. 그러나 이제 너 자신을 받아들이고 사랑하는 것은 너의 과제이기도 한 것이다'라는 말이다. 많은 사람들이 자기 자신을 받아들이지 못한다. 자기 자신에 대한 특정한 표상을 지니고 있기 때문이다. 그러나 이러한 표상은 그들의 실제와 일치하지 않는다. 그러므로 한계를 지니고 있고 맑고 깨끗하지도 못하며 완전하지 못한 자신을 있는 그대로 사랑할 수 있기 위해서는 그 표상과 작별을 고해야 한다. 자기 자신에게 '그래, 좋아'(Ja)라고 할 때 자신이 깨끗해진다. 나병 환자는 자신이 깨끗한 사람이라는 것을 체험하기 위해서 예수님의 조건 없는 사랑을 필요로 한다. 그러나 그 역시 스스로 한 걸음 내디뎌야만 한다. 그는 자신을 있는 그대로 사랑할 준비가 되어 있어야 하는 것이다. 그러면 그는 깨끗해진다. 그러면 모든 것이 좋아진다.

영적 동반자로서 또는 치료 전문가로서 우리는 예수님이 나병 환자에게 건네주신 이러한 사랑을 할 능력이 없는 상태에 자주 놓인다. 우리는 다른 사람 안에 있는 분열, 카오스, 쓰라림과 불쾌함으로부터 우리를 보호한다. 그렇지만 우리가 예수님처럼 신적 사랑의 샘과 접촉하고 있다면, 예수님처럼 우리 자신의 중심에 있다면, 우리는 다른 사람이 지닌 질병에 전염될까 또는 그의 문제들에 의해 혼란에 빠져들지나 않을까에 대한 두려움 없이 그를 조건 없는 사랑을 할 능력을 지니게 된다. 우리가 다른 사람을 — 그 역시 자신을 사랑하고 이전에는 받아들일 수 없는 것으로 자기 자신 안에서 체험한 것을 받아들일 수 있는 능력을 갖도록 — 사랑할 수 있기 위해서는 우리 안에 있는 신적 사랑과의 연결이 필요하다.

5장 상처받은 아이의 치유

　오늘날 심리학에서 상처받은 아이와 신적 아이에 대해 말한다. 우리 각자는 자신 안에 상처받은 아이를 지니고 있다. 우리가 오늘날 당시 어린 시절 상처를 입었을 때와 비슷한 방식으로 상처받는 상황에 놓이면 이 상처받은 아이가 소리치기 시작한다. 어린 시절에 입은 상처들은 대부분 사랑의 결핍이나 사랑이 거두어지는 것과 연계되어 있다. 어린아이는 자신의 어린이라는 존재 방식에 따라 그리워한 그러한 사랑을 체험하지 못했기 때문에 상처받은 것이다. 거부하는 말과 마음을 아프게 하는 말 그리고 시원찮게 여기는 말들을 통해서 상처받은 것이다. 또한 자신이 필요로 하는 것을 열린 마음으로 부모님에게 알려드림으로써 상처받은 것이다. 그의 열린 마음이 채워진 것이 아니라 부모님의 불만족, 거부, 성냄이 돌아왔기 때문이다. 상처받은 아이는 최종적으로는 사랑을 받지 못한 체험을 가진 아이로 언제나 머문다.

오늘날 어떤 말이나 시선을 통해서 우리 안에 있는 이러한 상처받은 아이가 말을 건네받는다. 그러면 소리를 질러 댄다. 일반적으로는 우리가 할 역할을 제대로 수행해 나간다. 그렇지만 우리 안에 든 상처받은 아이가 말을 건네받으면 말을 하기 시작한다. 상처를 주는 말이 아이로 하여금 정상 궤도를 벗어나게 하기 때문에 불평을 한다. 아이는 민감하게 반응한다. 옛 상처들이 다시 떠오르게 된다. 아이는 그렇게 사랑이 없는 태도로 대한 다른 사람들을 비난한다. 자신이 잘못된 것은 모두 다른 사람들의 탓이다. 나는 우리 안에 든 이러한 상처받은 내적인 아이들 중 몇몇을 서술하고자 한다.

우리 안에 든 상처받은 아이

예를 들어 우리 안에 버려진 아이가 있다. 아버지가 가족을 버렸기 때문에 너무 어린 나이로 방치된 것이다. 또는 어머니가 일찍 세상을 떠났기 때문에 우리 안에 있는 아이가 버려졌다. 또는 아이가 매우 어린 상태로 병원에 있어야만 했기에 그곳에서 버려짐을 체험했다. 이미 성인임에도 불구하고 어떤 이별도 견뎌내지 못하는 사람들이 있다. 이러한 상황들에서 그들 안에 든 버려진 아이가 갑자기 소리를 질러댄다. 우리가 어떤 친구로부터 버려질지도 모른다는 두려움을 가지게 되면 그 버림받은 아이가 말하기 시작한다. 이러한 상황에서 우리가 어린 시절 우리를 사랑했던 사람이 떠나가서 혼자 남아 방치되었던 체험을 했을 때 가졌던 그 원초적인 두려움이 올라오는 것이다.

어떤 남자가 나에게 그가 어린아이였을 때 아버지가 그를 못 보고 간과한 적이 있었다고 이야기했다. 오늘날 그는 이미 70세가 되었는데도 불구하고 그 안에 들어 있는 이 간과된 어린아이가 여전히 절규해 댄다. 말하자면 그가 친구들과 어떤 식당에 갔을 때 종업원이 먼저 친구들에게 인사하고 맨 나중에 그에게 인사를 할 경우에 그는 다시 간과된 것으로 느끼는 것이다. 그러면 그 안에 들어 있는 간과된 어린아이가 자신의 존재를 알리는 말을 시작한다. 아버지로부터 간과된 어떤 여인은 그녀의 상관이 그녀를 간과하는 것으로 느낀다. 그 상관은 다른 종업원들에게 한 것과 똑같이 그녀를 객관적으로 대했는데도 그렇게 느끼는 것이다. 그녀 안에 든 간과된 어린아이가 상관의 모든 시선들을 검토하고 분류하기 때문이다. 그것이 그녀의 마음에 들지 않을 경우, 그녀는 또다시 간과된 것으로 느낀다. 그리고 그녀는 자신이 남편으로부터 자주 간과되는 것으로 여긴다. 그녀는 남편이 자신을 충분히 존중하지 않는다고 비난의 화살을 쏘아댄다.

어떤 여인이 나에게 자신은 이전에 의지할 데 없는 아이인 것으로 느꼈다고 이야기했다. 그녀는 어머니로부터 가까이 가기 힘들고 거칠었던 할머니에게 언제나 떠넘겨졌다. 그곳에서 편안하지 않았다. 떠넘겨지지 않으려고 애를 썼다. 그러나 그렇게 할 힘이 없었다. 어떤 세미나 강습에 참여하면 오늘날에도 그녀 안에 든 이 어린아이가 외쳐 댄다. 낯선 사람들은 그녀로 하여금 그녀를 거부하는 할머니를 떠올리게 한다. 그녀는 낯선 사람들을 전혀 제대로 알아보지 못한다. 그 의지할 데 없는 어린아이가 그들의 친절에 대해 눈을 감도록 하기 때문이다. 단지 자신이 직접 선택하지 않은 사람들을 볼 뿐이다. 그렇기 때문에 자신이 온전히 봉쇄된 것으로 느낀다.

다른 어떤 여인은 어린아이였을 때 언제나 너무 많은 것을 하도록 요구받은 것으로 느꼈다. 그녀는 일곱 살 때 벌써 가족을 위해서 식사준비를 해야만 했다. 어머니가 자주 아팠기 때문이다. 어머니는 그녀에게 요리하는 것과 집안 살림을 해 나가는 것을 전혀 제대로 가르쳐주지 않았다. 그럼에도 불구하고 어머니는 그녀가 제대로 하지 못한다고 계속해서 꾸중을 해댔다. 오늘날에도 그 여인에게 어떤 새로운 것이나 자신이 잘 알지 못하는 것이 주어지면 그녀 안에 든 이 지나치게 많은 것을 하도록 요구 받은 어린아이가 언제나 말을 걸어온다. 예를 들자면 회사에서 그녀가 아직 제대로 알지 못하거나 잘 처리할 수 없는 것을 과제로 부여받을 경우 그러한 일이 발생하는 것이다. 그러면 그녀는 내부에서 모든 것을 제대로 해야 한다는 어머니의 당부들을 듣게 된다.

다른 어떤 사람들은 자신 안에 부끄러워하는 어린아이를 지니고 있다. 이들은 일찍이 부모에 의해 친척들 앞에서 유치한 존재로 취급된 적이 있었다. 말이 안 되는 어떤 것을 말했거나 어떤 것을 제대로 하지 못했기 때문이었다. 당시 이들이 가장 하고 싶었던 것은 땅속으로 사라져 버리는 것이었다. 이러한 사람들은 비판을 듣게 되면 오늘날에도 자신 안에 든 부끄러워하는 어린아이가 자신의 존재를 알린다. 이들은 오늘날에도 언제나 그러한 상황에서는 발가벗긴 채 서 있는 것 같은 느낌을 갖는다. 이들은 비판에 대해 적절한 대처를 하지 못한다. 그 부끄러워하는 어린아이가 그것을 방해하는 것이다.

어떤 사람들을 자신 안에 불편한 어린아이를 지니고 있다. 이들은 어린 시절 자주 다음과 같은 비난의 말에 시달렸다.

> 너는 나쁜 아이다. 악마와 같다. 완전히 악한 녀석이다. 너는 모든 것을 거꾸로 한다.

주변에 갈등이 있거나 어떤 사람이 슬픈 눈으로 들여다보거나 하면 오늘날에도 이 아이는 말을 걸어 자신의 존재를 알린다. 그러면 즉시 다음과 같은 느낌을 갖게 된다.

> 나는 이 갈등에 책임이 있다. 나는 어떤 것을 거꾸로 했다. 그렇기 때문에 다른 사람이 그렇게 슬픈 눈으로 주변을 살펴보는 것이다.

누군가가 그에게 양심의 가책을 느끼도록 하려고 하면 그 어린아이는 언제나 소리를 질러 댄다. 불편한 아이들은 다른 사람들이 그들에게 죄의식을 느끼도록 하려고 하면 그것을 방어해 낼 힘이 없다.

다른 어떤 사람들은 거부당한 어린아이를 알고 있다. 이들은 어린 시절 부모나 동료 학생들로부터 거부당한 느낌을 체험했기 때문에 오늘날에도 종종 다른 사람들이 자신을 거부하는 것 같은 느낌을 갖는다. 이들은 거부에 관한 어떤 것도 없었음에도 불구하고 많은 경우의 말들과 시선들 안에서 거부감을 탐지해 낸다. 때로는 거부당한 어린아이들이 어른이 되어서도 이러한 거부의 원인이 되기도 한다. 이들은 어느 날 갑자기 사랑을 받게 되면 그것을 견뎌낼 수 없다. 그러면 이들은 다른 사람들이 이들을 싫어할 어떤 것을 행하고 만다. 그렇게 하여 이들은 어린 시절 언제나 그랬던 것처럼 다시 밖으로 밀려난 신세가 된다. 이들은 또다시 새롭게 거부당한 어린아이로 느낄 수 있도록 주변에 있던 사람들이 실행했던 거부의 쳇바퀴를 만들어 버린다. 이러한 느낌이 불편하지만 이 느낌이 이들에게는 이미 익숙한 것이고 그래서 사랑받는 상태보다 오히려 이 느낌을 명백히 더 좋아한다. 사랑을 받는 새로운 체험은 이들이 지금까지 쌓아 올려 온 삶의 방식을 무너뜨리게 할 것이기 때문이다.

어떤 남자가 나에게 그는 여섯 살에 벌써 언제나 착해야만 했고 상황에 맞추어야만 했다고 이야기했다. 그는 어린아이로 존재할 수 없었다. 그는 자신 안에 제대로 살아 보지 못한 어린아이를 지니고 있고, 이 어린아이는 오늘에도 기꺼이 그 당시 할 수 없었던 것을 해서 보충하고 싶어 한다. 그리고 그는 착한 아이의 역할에서 벗어나 무엇인가 도전적인 행위를 하고 싶은 욕구를 지니고 있다.

다른 어떤 사람은 자신 안에 만족스럽게 충분히 살아보지 못한 어린아이를 지니고 있다. 이 어린아이는 부모의 관심을 받기는 했지만 어린아이로서 산 기간이 너무 짧았던 것이다. 그는 어린아이로 존재할 수 없었고 매우 일찍부터 어른처럼 행동해야만 했다. 어린아이로서 산 기간이 너무 짧았던 아이들은 종종 나중에라도 어린 시절 받지 못했던 것을 보충하려고 한다. 가끔씩 이들은 무엇인가를 훔치고 싶은 압박감을 가진다. 어린 시절 가지기를 원했던 것을 정당한 방법으로 가지지 못했기 때문에 이제 부정한 방법으로라도 그것을 보충하려는 것이다.

어떤 여인이 어머니로부터 자주 두들겨 맞았다. 그녀는 왜

두들겨 맞는지를 전혀 몰랐다. 그녀는 어머니를 상대로 자신의 입장을 정당하게 관철할 수 있었던 적이 전혀 없었다. 그녀의 존재 자체만으로도 명백히 어머니에게는 불편한 것이었다. 이 여인은 50년이 지난 후에도 자신 안에 여전히 이 얻어맞은 아이를 지니고 있었다. 이 어린아이는 공격들을 거슬러 자신을 방어하는 것을 방해했다. 그녀는 공격적인 행동들을 전혀 할 수 없었는데 그 이유는 어린아이였을 때 두들겨 맞는 것을 거슬러 방어할 기회를 전혀 갖지 못했기 때문이다. 그녀가 공격적으로 반응을 했었더라면 상황이 더욱 나빠졌을 것이다. 그래서 오늘날에도 그녀는 다른 사람들을 상대로 공격적인 행위들로 거리를 유지해 낼 수가 없다. 그러한 행위를 통해서 다른 사람들의 공격성을 더욱 강화시켜 놓기만 할까 봐 두렵기 때문이다.

어떤 여인이 나에게 자신은 어린아이였을 때 언제나 무시당하고 소홀히 취급되는 것을 느꼈다고 했다. 객관적으로는 결코 그렇지 않았다. 그러나 그녀는 그 느낌을 가졌다. 그리고 이 느낌은 성인이 된 이 여인을 지속적으로 따라다녔다. 자신이 아무런 가치도 없다는 인상을 가졌다. 최종적으로는 자신이 자신을 무시하고 소홀히 취급했다. 그녀는 오로지 다른 사람들만을 위해 봉사했고 자신과 자신의 욕구들은 소홀히 대했다. 그리고 다른 사람들이 그녀를 제대로 알아주지 않고 자신을 소홀히 대하는 인상을 언제나 가졌다.

어린아이의 가장 깊은 상처는 영적 상처다. 모든 어린아이는 그 자체로 영적이다. 자신의 유일무이성과 특별성에 대한 느낌을 지니고 있다. 그리고 그는 "우리 자신보다 더 큰 어떤 것과, 우리 자신의 기초가 놓여 있는 것과 연결되어 있다는 사실에 대한"(Bradshaw 66) 지각을 지니고 있다. 그 어린아이는 아직도 여전히 자발적으로 "나는 나다"라고 말할 수 있다. 이러한 것으로 그 어린아이는 동시에 불타는 떨기나무에서 "나는 있는 나다"라는 말씀으로 자신을 계시하신 하느님께 대한 예감을 갖는다.

> 이러한 "나는 있다" 안에 인간적 영성의 가장 깊은 의미가 들어 있다. 이 의미는 가치가 매우 있는 것들, 특별한 것들과 결합되어 있는 모든 특징들을 내포하고 있다(Bradshaw 66).

부모가 너무 자신의 문제들에만 골몰하여 자녀들의 특별함에 대해 시선을 전혀 주지 못하는 일이 자주 있다. 부모 자신이 아직도 욕구하는 것이 많아서 아이의 욕구에 대해 관심을 가질 수 없다. 이러한 부모는 아이가 지닌 유일성을 감지하지 못하기에 그것을 아이에게 결코 전달하지 못한다. 이것을 철학자이자 신학자인 존 브래드쇼(John Bradshaw)는 영적 상처라고 한다.

> 우리가 독립적이지 못하고 부끄러움으로 가득한 성인 어린아이가 된다면 그것은 다른 어떤 것보다 영적 상처에 책임이 있다. 남자나 여자 할 것 없이 어떤 사람이 추락한 이야기는 멋지고 가치 있으며 특별하고 소중한 어린아이가 '나는 있는 그대로의 나다'라는 느낌을 상실한 것에서 시작한다(Bradshaw 66).

많은 사람들이 상처받은 어린아이가 자신 안에서 소리칠 때 불평을 해댄다. 그러나 우리는 상처 입은 아이들이기만 한 것이 아니라 아버지 또는 어머니이기도 한 사람이다. 우리는 다른 사람들이 우리 안에 든 상처받은 어린 아이를 위로하기를 기다리기만 할 것이 아니라 우리 자신이 직접 그 어린아이를 품어 안아야 한다.

예를 하나 들어 보면 내가 무엇을 의미하는지 명백해질 것이다.

어떤 여인이 그녀의 어머니와 대단히 큰 문제들을 지니고 있었다. 그녀는 오랫동안 치유의 과정을 거쳤고 그 이후 이제 어머니와 화해를 한 것 같은 느낌을 가졌다. 그녀는 어머니께 함께 휴가를 가자고 제의했다. 그렇게 하여 어머니와 함께 휴가를 갔는데 그것은 마치 "재앙"과 같은 것이어서 크게 실망하게 되었다. 그래서 내가 그녀에게 "도대체 무엇이 재앙이었습니까?"라고 질문하자 그녀는 이렇게 대답했다. "저는 이 기간 중에 어머니께서 제게 '너는 나의 매우 사랑스러운 딸이다'라는 말씀을 하시기를 기다렸습니다". 나는 그녀에게 이렇게 대답했다. "당신은 팔십 세에 이른 어머니로부터 그런 말을 결코 듣지 못할 것입니다. 그런 말은 당신이 직접 자신에게 해야 합니다. 당신은 이제 58세이고 어머니이기도 합니다. 그러니 당신 안에 들어 있는 관심받고 인정받기를 간절히 원하는 이 어린아이를 직접 품어 안아주어야 합니다. 당신이 당신에게 직접 다음과 같은 말을 해야 합니다. '그래, 나는 사랑받은 딸이다. 나는 나 자신을 사랑하고 하느님께서 나를 사랑하신다'".

우리 안에 든 상처받은 어린아이를 품어 안는 것은 우리의 과제다. 우리 안에 든 상처받은 어린아이를 감싸 안고 사랑으로 다가가며 대화를 시작하고, 신뢰 관계를 형성하며 위로해야 한다. 만약 내 안에 든 내버려진 어린아이를 감지하면 그에게 다시는 내버려 두지 않겠다고 약속해야 한다. 나 자신이 직접 내 곁에 머물고 나를 떠나지 않아야 한다.

나는 의지할 데 없는 어린아이이기만 한 것이 아니라 도와주어야 한다는 사실을 아는 사람이다. 나는 거부당한 어린아이이기만 한 것이 아니다. 나 자신을 그리고 내 안에 든 이 거부당한 어린아이를 받아들이는 것은 나의 책임이다. 나는 관심을 적게 받은 아이이기만 한 것이 아니다. 나는 오늘날 나 자신을 스스로 돌볼 수 있고 중요한 욕구를 채울 수 있다. 나는 지나친 요구를 받은 아이이기만 한 것이 아니다. 삶이 나에게 요구하는 과제들을 나 스스로 해결해 나갈 수 있다. 나는 지나친 요구에 아무런 대책도 없이 내맡겨진 존재가 아니다. 소홀히 취급된 아이이기만 한 것이 아니다. 나는 나 자신을 소홀히 대하기를 그친다. 나 자신을 직접 염려한다. 나를 돌본다. 나 자신과 잘 지낸다. 나를 잘 바라본다.

내 안에 들어 있는 상처받은 어린아이를 다루는 데에는 여러 가지 길이 있다. 그 상처받은 아이에게 편지를 쓰는 것도 그중 하나다. 이 편지 안에서 나는 그 당시 간과되고 거부되거나 부끄러운 존재로 취급된 아이 안으로 들어가서 느껴볼 수 있다. 그리고 그에게 나는 그를 이해하고 그의 곁에 머문다고 쓴다. 이러한 방식으로 내 안에 든 상처받은 아이를 받아들인다. 그 아이는 앞으로도 계속해서 내 안에 머물러도 된다. 그러나 나는 이 상처받은 아이를 돌보기도 한다. 그 아이가 소리를 질러댈 경우에는 그에게 관심을 기울이고 그와 대화를 시작한다.

또 하나의 길은 내 안에 든 상처받은 아이와 대화를 하는 것이다.

너는 나에게 무엇을 말하고 싶니? 내가 네게 말해주기를 기꺼이 바라는 것은 무엇이니?

또 하나의 다른 길은 내 안에 있는 상처받은 아이를 안아주는 것이다. 우리는 그 상처받은 아이에게 머무르기만 해서는 안 되고 ― 존 브래드쇼는 이렇게 말한다 ― 그로 하여금 우리를 우리 안에 든 신적 아이에게로 인도하도록 해야 한다. 만약 우리가 그 상처받은 아이에게 머무르기만 하면 우리는 우리 삶의 신비에 대한 시각을 잃게 된다.

우리 안에 든 신적 아이

우리는 상처받은 아이이기만 한 것은 아니다. 우리 안에 신적 아이도 갖고 있다. 우리 안에 든 신적 아이는 우리를 위해 무엇이 좋은지 정확하게 안다. 그 아이는 하느님께서 우리 각자를 위해 만들어 놓으신 참된 우리 자신과 유일한 표상을 위해서 있다. 오로지 자기 삶의 역사에 있었던 고통의 진창에 빠져 있기만 한 사람은 "이러한 상처들을 넘어서서 밖을 쳐다볼 수 있는 상태에 결코 이르지 못한다. 이것은 우리 삶에서 잘못되는 모든 것에 대한 책임이 이 아이의 상처에 있는 것으로 여기게 되는 것을 의미한다"(Bradshaw, 358). 우리 안에 든 신적 아이는 "우리가 이전에 살았던 구체적인 아이를 넘어서는 새로운 의식의 지평에 이를 수 있는 가능성을 열어준다. 우리의 모든 역사는 참된 자신을 찾는 여행을 떠난 신적 아이에 대한, 주인공에 대한 것이다"(Bradshaw, 358). 우리 안에는 이 세상을 넘어서는 어떤 것 그리고 이 세상 안에서 자신을 언제나 낯선 존재로 느끼는 어떤 것이 들어 있다. 우리는 이 세상을 낯설어하고 이 세상으로 내버려진 것으로 느끼는 신적 아이들이다.

우리는 모세나 예수에게서만 내버려진 신적 아이의 신화를 만나는 것이 아니라 크리슈나(Krishna), 페르세우스(Perseus), 지그프리트(Siegfried) 그리고 붓다에게서도 만난다. 최종적으로는 우리 모두가 내버려진 신적 아이들이다. 상처받은 역사는 우리의 길에 속한다. 그러나 이것은 우리 삶의 한 부분에 지나지 않는다. 이와 똑같이 이 모든 신적 아이가 구원을 가져오는 자가 된 것도 중요하다. 이 신적 아이는 우리로 하여금 하느님께서 우리 안에 선사하신 창조력을 만나게 하고 우리 각자가 자신 안에 지니고 있는 개성적인 유일한 천부적 재능을 만나게 한다. 우리는 우리 안에 든 신적 아이를 찾는 과정에서 우리 안에 새로운 세상을 건설할 수 있다. 이것은 그 안에 든 신적 빛이 우리의 어둠을 몰아내는 새로운 세상이다.

신적 아이는 하느님께서 우리 각자에게 만들어 주신 원초적이고 유일회적이며 유일한 표상을 위해 있다. 이 아이는 우리가 우리의 참된 본질과 만날 수 있는 고요의 공간으로 우리를 인도한다. 이 고요의 공간 안에서 하느님은 우리 안에 탄생하신다.

이것은 성탄의 신비다. 인간적 영혼 안에 하느님이 태어나심은 다른 사람들이 우리 안에 집어넣어 준 모든 표상들로부터 자유롭게 되어 우리 안에 든 하느님의 왜곡되지 않은 표상과 접촉하게 되는 것을 의미한다. 이것은 우리 자신과 함께 내적 평화에 도달하도록 우리를 인도한다.

성탄 메시지는 구유 안에 든 신적 아이 안에서 하느님의 사랑이 우리 사람들을 위해 빛을 낸다는 것을 말한다. 그렇기 때문에 신적 아이는 우리로 하여금 사랑의 공간이기도 한 고요의 내적 공간과 만나도록 한다. 그런데 우리의 가장 깊은 바닥에 있는 사랑은 느낌보다 더한 것이다. 우리 안으로 충분히 깊이 들어가면 만나게 되는 것은 신적 사랑이다. 나에게 사랑의 내적 공간 안으로 들어가는 이 길은 치유의 길에 속한다. 우리 안에 든 신적 사랑을 인식하는 곳에서 우리 안에 든 상처받은 아이가 치유된다. 나는 우리가 이 고요의 내적 공간에서 만들 수 있는 치유의 체험이 지닌 다섯 가지 측면들에 대해 서술하고자 한다.

사랑의 내적 공간에서 나는 사람들의 기대와 요구들로부터 자유롭다. 그리고 그들의 의견들로부터도 자유롭다. 나는 사람들과의 대화에서 많은 사람들이 부모로부터 "네가 옷을 그렇게 입으면, 그러한 행동을 하면, 그렇게 말하면 사람들이 무엇이라 말하겠니?"라는 비난으로 가득 찬 말들을 들었다는 사실을 체험한다. 이들은 무엇을 할 때마다 언제나 다른 사람들이 자신에 대해 어떻게 생각할 것인가에 대해 생각한다. 이 내적 공간 안에서 우리는 다른 사람들이 우리에 대해 생각하는 것에 대한 이러한 생각들로부터 자유롭다.

우리는 건강하고 온전하다. 상처를 주는 말들은 나의 감성적인 영역을 건드린다. 그곳에서 이들은 나를 여전히 괴롭힐 수 있다. 그렇지만 이들은 고요의 내적 공간 안으로 파고들 수는 없다. 그리고 이 가장 깊은 내적 중심, 우리 안에 있는 이 신적 아이는 우리가 어린아이였을 때 받은 괴롭힘을 통해서도 상처받지 않았다.

신적 아이가 우리 안에 있는 곳에서 우리는 원초적이고 확실하다. 그곳에서는 다른 사람들이 우리에게 덮어씌운 표상들이 지워진다. 그리고 우리가 만든 표상들도 지워진다. "나는 옳지 않다. 나와 함께 그것을 참고 견딜 수 있는 사람은 아무도 없다. 나는 너무 느리다. 나는 지루하다. 누구도 나에게 관심을 갖지 않는다". 그곳에서는 또한 나 자신을 과대평가한 표상들도 사라지고 만다. "나는 언제나 완벽해야 하고, 많은 것을 이루어야 하며, 멋져야 한다. 나는 언제나 긍정적으로 생각해야만 하고, 모든 것을 장악할 수 있어야 한다". 스위스 출신 정신과 의사인 다니엘 헬(Daniel Hell)은 이렇게 말했다. "우울증[Depression]은 자주 이러한 자신에 대한 과대평가의 표상을 거슬러 도움을 요청하는 영혼의 외침이다. 그렇기 때문에 이러한 한계가 없는 표상들로부터 벗어나는 것은 언제나 치유를 가져오는 일이다".

신적 아이가 내 안에 있는 곳에서 나는 순수하고 맑다. 그곳에는 죄의식들이 들어올 자리가 없다. 우리 모두는 삶에서 죄를 짓게 된다. 그러나 우리는 하느님께서 우리의 죄를 용서하신다는 사실을 믿어야 한다. 그리고 우리의 가장 깊은 내면의 중심은 죄에 의해 파괴되거나 손상되지 않았다는 사실을 알아야 한다. 나에게 있어서 이것은 대단히 중요한 치료적 표상인데 예를 하나 들어 보겠다. 가장자리 인격 환자들[Borderline-Klienten]에게서 나는 그들이 자기 자신을 스스로 들여다 볼 수 없다는 사실을 관찰한다. 이들은 자신 안을 깊이 들여다보면 볼수록 내면은 그만큼 더 무질서하고 어두우며 나쁜 상태가 될 것이라는 두려움을 지니고 있다. 이러한 사람들은 자기 영혼의 밑바탕에서부터 나쁘고 죄가 있는 것으로 느낀다. 이러한 자의식을 지닌 이들은 자기 자신으로부터 달아나야만 한다. 이들은 자신의 내면으로부터 어떤 정체성도 구축해 나갈 수 없다. 그렇기 때문에 살아남을 수 있기 위해서 가장자리로 달아난다. 이들은 중심이 없다. 중심에는 오직 죄와 나쁜 것만 있는 것으로 짐작하기 때문이다. 그래서 자신 안에서 안식을 누릴 수 없고 가장자리에서만 살아야 한다. 그곳에서 이들은 또한 편안하게 느낄 수 있는, 자신의 집과 같은 안식처가 되는 중심이 없어서 고통을 받는다.

신적 아이가 내 안에 사는 곳에서, 신비가 내 안에 사는 곳에서 나는 내 곁에 편안하게 있을 수 있다. 칼 라너(Karl Rahner)

는 하느님은 다 파악할 수 없는 신비라고 했다. 우리 영혼의 밑바닥에서 우리는 이러한 하느님의 신비를 만난다. 독일어는 다음과 같은 세 단어를 서로 연계시킨다. 집(Heim), 고향(Heimat), 신비(Geheimnis). 사람은 신비가 거주하는 곳에서만 집처럼 편안하게 있을 수 있다. 내 안에 있는 신적 아이는 내가 나 자신 곁에서 집처럼 편안하게 있는 것을 가능하게 한다. 많은 사람들이 자기 자신과 함께 있는 것을 견딜 수 없어 고통을 받는다. 이들은 자기 자신으로부터 지속적으로 도망친다. 하느님의 신비가 우리 안에 거주하는 곳에서 우리는 우리 곁에 있는 것을 견딜 수 있고, 여기서 고향을 체험하게 된다. 여기서 우리는 우리 안에서 휴식하게 된다.

내가 상처받은 아이와 신적 아이에 대해 말한 것을 몸 자세와 얼굴 표정에 익숙해지도록 훈련할 수도 있다. 그렇게 하여 이러한 표상의 치유작용을 체험할 수 있다. 우리는 우리 안에 든 상처받은 아이를 두 팔로 감싸 안을 수 있다. 성경에는 두 가지 형태의 두 팔로 감싸 안는 것이 있다. 루카복음에 있는 마리아의 노래(Magnificat)에서 마리아는 하느님께서 사람이 되심을 종인 이스라엘을 두 팔로 감싸 안으신 것으로 해석한다. "당신 종 이스라엘을 거두어 주셨으니". 그리스어 "antelabeto"

와 라틴어 "suscepit"은 "하느님은 당신 아들의 강생에서 우리를 두 팔로 감싸 안으셨다"는 의미다. 하느님은 사랑으로 가득한 당신의 두 팔을 벌려서 우리에게 다가오신다. 그래서 우리는 — 신적 아이를 두 팔로 안고 있는 마리아를 바라보는 것에서도 — 부성적이자 모성적인 하느님께서 우리를 두 팔로 감싸 안으시는 것을 생각할 수 있다.

두 번째 형태는 십자가의 표상이다. 요한복음에서 십자가는 두 팔로 감싸 안는 자세다. 십자가는 사랑의 완성이다. 예수님께서 직접 십자가형에 대해 다음과 같이 말씀하셨다.

> 나는 땅에서 들어 올려지면 모든 사람을 나에게 이끌어들일 것이다(요한 12,32).

그러므로 우리는 십자가를 바라보면서 그리스도께서 내 안에 든 상처받은 아이를 두 팔로 감싸 안으시는 것으로 생각할 수 있다. 두 팔로 감싸 안는 자세에서 우리는 십자가에 달리신 예수님이 두 팔로 감싸 안으시는 것을 짐작해 볼 수 있고 예수님의 사랑을 체험할 수 있다. 예수님은 그 사랑으로 십자가에서 우리를 끝까지 사랑하셨고, 우리 안에 든 상처받은 아이를 두 팔로 감싸 안으시고 치유하셨다.

    두 팔로 감싸 안는 자세에서 이렇게 생각해 볼 수 있다. 우리는 우리 안에 있는, 신적 아이가 있고 하느님이 우리 안에 거주하시는 이 내면의 고요한 공간을 보호한다. 그러면 신적 아이의 치유하는 작용을 우리 안에서 체험할 수 있다. 치유에 대해 말하는 것만으로는 충분하지 않다. 우리는 이것을 체험도 하고 싶다. 그렇기 때문에 나는 영적 동반에서 이러한 치유하는 자세를 언제나 다시 도입하는 것을 매우 중요하게 여긴다.

6장 신적 사랑의 체험

많은 사람들이 자신은 신적 사랑을 느낄 수 없다고 호소한다. 인간적 사랑은 감정적으로 이들을 접촉한다. 그렇지만 하느님의 사랑에 대해서는 오직 믿을 수만 있을 뿐이지 체험하지는 못한다. 많은 사람들이 하느님의 사랑을 느낄 수 없는 원인은 신적 사랑과 인간적 사랑을 분리하는 데에 놓여 있다. 우리는 자주 인간적 사랑과 신적 사랑을 서로 대립하는 것으로 간주한다. 신비가들은 이러한 대립을 알지 못했다. 이들은 신적 사랑을 인간적인 언어로, 충분히 자주 에로틱한 언어로 기술했다. 신비가들은 인간적 사랑 안에서 신적 사랑의 신비에 대한 어떤 것을 느낀 것이 틀림없다. 하느님께 대한 이들의 사랑은 정열적이고 감각적인 언어로 표현되었다. 사랑의 인간적 기본 요소들을 — 에로스와 성 — 제외시키지 않고 하느님께 대한 자신의 사랑 안으로 통합해 넣었기 때문이다.

신비와 에로스

인간적 사랑의 최고점은 성[Sexualität]에서 남자와 여자가 하나가 되는 것이다. 성은 우리가 인간적 사랑을 가장 강하게 체험하는 장소다. 여기에서 두 가지 관점이 중요하다. 성에서는 엑스타제[Ekstase, 망아, 황홀], 사랑에 의해 열정적으로 사로잡히는 것, 자신을 잊어버리는 것, 상대방에게 자신을 내주는 것이 관건이다. 그리고 상대방과 하나가 되는 것(Einswerden)이 관건이다. 엑스타제와 하나가 되는 것은 사람이 가진 두 가지 가장 깊은 동경이다. 그리고 이들은 동시에 우리의 영적 길의 목표이고 하느님 체험의 목표다.

신비신학(Die Mystik)[3]은 하느님에 대한 체험을 언제나 에로틱한 언어로 표현하기도 했다. 무엇보다 여성신비신학이 에로

---

3 'Mystik'이라는 단어는 신비를 의미하는데, 신비신학도 'Mystik'이라 하기 때문에 문맥에 맞추어 번역했다.

스(Eros)를 하느님의 사랑 안으로 인도하는 힘으로, 하느님과 하나 되도록 압박하는 힘으로 체험했다. 여기서 에로스는 성[Sexualität]보다 더한 것이다. 에로스는 사랑하는 사람과 녹아들어 하나가 되고 싶은 동경이고 동시에 참된 삶에 대한 동경이다. 에로스는 우리로 하여금 우리 자신을 넘어서서 성장하도록 몰아가고 사랑의 엑스타제 안에서 하느님과 하나가 되도록 몰아간다. 신비와 에로스를 연결시키는 것은 독신자들이 자신의 성[Sexualität]을 영성[Spiritualität] 안으로 변화시키는 데에 좋은 길일 뿐만 아니라, 부부들이 너무 지나친 기대들로 자신의 성을 부담스럽게 하지 않게 하는 데에도 좋은 길이다. 성 안에는 ― 심리학은 이렇게 말한다. ― 초월잠재력[Transzendenzpotential]이 들어 있다. 부부들이 이러한 사실에 대해 의식하고 있을 때에만 자신의 성에 적합하게 살아갈 수 있다. 이러한 초월잠재력이 없다면 우리는 성에 지나친 부담을 줄 것이다. 초월잠재력 없이는 성으로부터 모든 신비적인 요소들을 기대할 것이고 우리를 그것에 고정시킬 것이다. 우리는 성이 우리를 넘어서 나아가 하느님 안으로 우리를 인도하도록 해야 한다.

초인격 심리학(transpersonale Psychologie)은 신비와 에로스의 관계에 대해 관심을 기울였다. 심리통합의 창시자(Begründer

der Psycho-synthese)인 아사지올리(Assagioli)는 성적 에너지가 영적 에너지로 변화될 가능성을 믿는다. 그리고 그는 이러한 변화는 신비가들에게서 성취되었다고 여긴다. 그러나 변화는 "오직 성을 적대적인 태도로 억누르려고 시도하지 않고 고차원적인 에너지들에게 가능한 모든 기회를 제공하면서 표현해낼 때 성취된다. 여기서 관건은 적게 사랑하는 것이 아니라 더 낫게 사랑하는 것이다"(아사지올리, 『심리통합과 초인격적 발달』, 244). 아사지올리는 십자가의 요한 성인의 말씀에 동의하면서 인용한다.

> 오직 더 높은 사랑만이 낮은 사랑을 이길 수 있다(위와 같은 책, 242).

융학파에 속한 심리학자인 페터 쉘렌바움(Peter Schellenbaum)은 신비[Mystik]가 우리를 그 방향으로 인도하는 사랑에 대해 말하는데, 이 사랑은 꽉 붙드는 것이 아니라 나 자신을 놓아주는 것이다. 이 사랑은 사랑받지 못하고 있는 것도 사랑한다. 이 사랑은 사랑의 상처들도 치유하는 사랑인데, 사랑으로 가득 찬 태도로 그 상처들에게 다가감으로써 치유한다. 이 사랑은 원하는 것에 대한 판타지(Wunsch-phantasien)에 더 이상 안주하지 않는다. 이 사랑은 유약함과 의혹에서 유래한 사랑이 아니라, 우리를 자신의 자아와 동일화하는 것으로부터 자유롭게 하는 사랑이다. 쉴렌바움은 의식적으로 신비라는 단어를 동원한 언어로 말한다. 그는 신비적 언어를 치유적 언어로 이해한다. 쉴렌바움은 신비라는 단어를 사람이 자신에게 흘러들어 오는 신적 사랑의 강에 자신을 내맡기는 것으로 이해한다. 사람이 자신 안에서 신적 사랑을 느끼면 자신의 정열을 다 소모하지 않고도 이웃을 사랑할 수 있게 된다. 이웃 사랑에 자신의 정열을 다 소모한 사람은 냉정하고 차갑게 되며, 자신의 사랑 뒤에 자주 권력욕과 너그럽지 못함을 숨기게 된다. 자신 안에 신적 사랑이 들어오도록 두는 사람만이 자신의 정열을 다 소모하지 않으면서도 다른 사람을 사랑할 능력을 갖게 된다. 그러면 언제나 즐거움으로 가득한 사랑이 된다. 쉴렌바움에게 있어서 신비는 우리가 사랑의 결핍으로 겪게 되는 상처를 치유하는 길이고, 또한 사랑 안에서 오해, 시기, 질투, 평가 절하들과 복수심들에 의해 받은 상처들을 치유하는 길이다.

중세에 사랑의 신비신학[Liebesmystik]은 무엇보다 여인들에게서 널리 퍼졌었는데, 정식 수도단체가 아니라 평신도로서 공동체를 형성하여 살던 베기넨(Beginen)이 그러했다. 그리고 베네딕토 수녀회, 시토 수녀회, 도미니코 수녀회들 안에 신비적 체험들을 했고 그것을 글로 기록한 많은 수의 수녀들이 있었다. 마그데부르그의 멕틸드(Mechtild von Magdeburg, 1208-1294), 안베르스의 하데비치(Hadewijch von Anvers, 1230-1260)와 같은 여인들은 하느님과 예수 그리스도에 관한 자신의 체험들을 에로틱한 언어로 기록했다. 예수 그리스도에 대한 이들의 사랑은 성[Sexualität]을 억압한 것이 아니라 변화시켰다. 하데비치는 자신이 그리스도와 일치한 것을 부부가 일반적으로 자신의 성적 일치를 표현하는 언어로 기록했다. 성령강림절에 그녀에게 환시 하나가 선사되었다.

> 이 경우 사랑에 대한 욕구가 너무나 강하게 일어나서 나에게 상당한 고통을 주었다. 내 몸의 지체들 하나하나가 부서지는 것 같았고 나의 모든 신경이 비정상적으로 예민했다. … 그 이후 그분 자신이 나에게로 오셨다. 그분은 자신의 두 팔로 나를 온전히 안고는 꼭 껴안았다. 나는 내 가슴의 인간적 욕망에 따라 나의 모든 지체들로 그분 몸의 충만한 지복을 느꼈다.

그녀의 신비적 사랑은 순수한 정신적인 것이 아니라 감각적이고 성적 분위기가 감도는 감정으로 물들어 있다. 그러나 신비적 체험 안에서 성[Sexualität]은 초월적이 된다. 융합과 일치됨을 향한 강한 열정으로서의 에로스는 하느님을 향한 우리의 사랑을 파고들고 우리를 사랑하시는 하느님의 품 안으로 몰아넣는다.

신비가들은 하느님께 대한 자신의 사랑에 에로스가 개입하도록 두는 사람은 그 에로스에 의해 모든 사람이 고통 받는 사랑의 상처들도 치유된다는 사실을 확신한다. 왜냐하면 모두가 사랑하고자 하는 자신의 길에서 언제나 다시 상처를 받기 때문이다. 신비적 사랑은 이러한 사랑 안에 있는 상처들을 치유할 수 있다.

오감을 통한 신적 사랑의 체험

중세의 여성 신비가들은 하느님께 대한 사랑을 표현하기 위해 감각적 언어를 사용했다. 이들은 하느님을 순수 이성만으로 체험한 것이 아니라 오감을 통해서도 체험했다. 토마스 아퀴나스는 정신이 파악한 모든 것은 이전에 감각들 안에 있던 것이었다고 했다. 우리의 감각들은 실제 세상을 향한 유일한 관문이다. 신약성경에서 사람들은 예수님의 사랑을 그분 말씀을 듣는 것 안에서만이 아니라, 타볼 산 위에서와 같이 그분의 빛나는 얼굴을 보는 것에서만도 아니라, 사랑에 찬 부드러운 접촉을 통해서도 감지했다. 요한은 예수 그리스도와의 만남에서 듣고, 보고, 자신의 손으로 만져 본 사랑을 선포했다(참조:1요한 1,1). 그래서 나는 감각을 통해서 한 신적 사랑의 체험에 대해 서술하고자 한다.

바라봄

그리스인들에게 보는 것은 가장 중요한 감각이었다. 하느님(theos)은 보는 것(theastai)에서 오신다. 하느님은 보이는 것이다. 물론 그리스인들도 우리가 하느님을 직접 볼 수 없다는 사실을 알았다. 그렇지만 우리는 이 세상 안에서 하느님의 자취는 볼 수 있다. 플라톤에게 있어서 하느님은 원초적 아름다움이다. 그리고 우리는 모든 아름다운 것 안에서 최종적으로는 하느님의 아름다움을 본다. 독일어 아름다움[schön]은 바라봄 [schauen]에서 온 것이다. 내가 사랑으로 가득 찬 마음으로 바라보는 것은 아름다운 것이다. 내가 어떤 아름다운 것을 보면 동시에 내 안에서 아름다운 것에 대한 사랑을 느낀다. 내가 어떤 사람을 사랑에 가득 찬 마음으로 바라보면 그는 나에게 아름다운 사람이 된다. 바라봄, 아름다움 그리고 사랑은 내적으로 함께 속한다. 바라보는 것은 관찰하는 것과는 조금 다르다. 내가 자연의 아름다움을 바라보면 나는 바라본 그것과 하나가 된다. 나는 단순히 보는 자로만 머물지 않는다. 우리가 자연 안에서 또는 예술 안에서 하느님의 아름다움을 보면 하느님 그리고 하느님의 사랑과 하나가 된다.

그리스인인 복음사가 루카는 예수님의 삶을 연극[Schauspiel]으로 기술했다. 사람들이 십자가의 연극을 바라봄으로써 죽음보다 강한 사랑의 신비를 보게 된다. 그리고 이들은 바라봄을 통해서 변화된다. 이들은 참으로 올바른 사람인 예수님을 바라본다. 이 예수님은 당신을 죽인 사람들이 당신의 정의와 사랑을 몰아내도록 허락하지 않으셨다. 그들은 올바른 예수님을 바라봄으로써 그들 자신도 올바르게 되고 자신 안에 든 정의와 올바름과 접촉하게 된다. 이들은 바라봄을 통해서 십자가에서 가시적이 된 신적 사랑을 향하도록 방향지어진다. 요한은 나아가 이러한 바라봄을 다음과 같은 단계로 계속 인도했다.

그들은 자기들이 찌른 이를 바라볼 것이다(요한 19,37).

들음

독일 철학자 마르틴 하이데거는 이렇게 말했다.

바라봄은 자유로 인도하고, 들음은 안식처로 인도한다.

들음은 그 자체로 이미 하나의 초월적 감각이다. 나는 들음 안에서 언제나 이미 들을 수 없는 것, 들리지 않은 것을 함께 듣는다. 들음은 나를 하느님께로 개방한다. 그리스인에게 들음은 정서적 감각이다. 들음 안에서 우리는 정서적으로 접촉된다. 우리는 말만 듣는 것이 아니라 목소리도 듣고 그 목소리 안에서 우리에게 말하는 사람도 듣는다. 음악은 들을 수 있게 된 사랑이다. 모차르트의 오페라들 안에 있는 사랑의 아리아들은 남자와 여자 사이의 사랑만을 노래하는 것이 아니다. 그보다 훨씬 더 이러한 아리아들 안에서 사랑의 신비 자체가 들을 수 있는 존재가 된다. 그리고 내가 이러한 아리아들을 귀로만이 아니라 가슴으로도 들음으로써 사랑 자체인 이 사랑에 의해, 이러한 신적 사랑에 의해 온전히 채워지고 변화된다. 나는 들음 안에서 신적 사랑을 느낀다. 신적 사랑은 들음 안에서 체험될 수 있게 된다. 음악치료는 들음이 사람들에게 치유효과를 가질 수 있음을 우리에게 가르친다. 모차르트의 음악은 사랑을 들을 수 있게 하는데, 많은 사람들에게 치유의 효과를 낸다.

맛

중세의 여성 신비가들은 자신의 신비(ihre Mystik)[4]를 성체성사적 신비(eucharistische Mystik)로 이해했다. 이것은 일종의 맛의 신비(eine Mystik des Schmeckens)다. 이들은 빵과 포도주로 구성된 성

---

4 'Mystik'이라는 단어를 문맥에 따라 신비 또는 신비신학으로 번역해야 내용이 좀더 잘 전달될 수 있는데 여기서 신비신학이란 단어가 더 어울릴것으로 보이나 신비라는 단어를 선택했다. 좀더 풀어서 번역하자면 "신비에 대한 자신의 생각"이라고 하는 것이 나을 것 같다. 하여간 우리말에는 이런 개념에 적확한 단어가 없어서 전후 문맥에 따라 알아들어야 할 일이다.

체성사적 선물들 안에서 인간이 되신 하느님의 사랑을 맛본 것이다. 이들은 하느님의 달콤함(Süßigkeit Gottes, dulcedo dei)에 대해서 말한다. 하느님은 달콤한 맛을 지니셨다. 그리고 달콤한 맛은 언제나 사랑의 맛이기도 한 것이다. 하느님의 사랑은 맛있다. 여성 신비가들은 모든 감각과 더불어 성체성사 안으로 그리고 무엇보다 영성체 안으로 초대되어 들어가서 그 안에서 하느님의 사랑과 예수님의 사랑을 느꼈다. 예수님 자신이 당신의 사랑을 친구의 사랑으로 말씀하셨다.

> 친구들을 위하여 목숨을 내놓는 것보다 더 큰 사랑은 없다(요한 15,13).

여성 신비가들은 이 사랑에 대해 믿기만 한 것이 아니라 이것을 맛보았다. 이들은 집회서에서 지혜가 자신에 대해 말한 것을 체험했다.

> 나를 기억함은 꿀보다 달고 나를 차지함은 꿀송이보다 달다(집회 24,20).

맛을 느끼는 감각은 초월을 위해 열려진 감각이다. 프랑스 작가 마르셀 프루스트(Marcel Proust)는 케이크 한 조각을 먹으면서 한 신비적 체험을 이렇게 서술했다. 그가 케이크를 한 입 베어 먹으면서 차를 한 모금 마셨을 때 일찍이 들어보지 못한 행복감이 그의 온몸을 파고들었다. 그리고 그는 자신 안에서 바닥까지 닿는 깊은 사랑을 느꼈다. 그는 이 순간부터 다음과 같은 사실을 알게 되었다.

> 나는 앞으로 더 이상 고독해지는 일이 결코 없을 것이다.

우리가 온전히 맛 안에 있을 때 좋은 맛 하나의 마술적 작용에 대한 어떤 것을 짐작하게 되기도 한다. 하느님은 — 여성 신비가들은 이렇게 말한다 — 자신을 맛보게 하신다. 그리고 그분의 맛은 우리를 온전히 그리고 전적으로 사랑으로 채울 수 있다.

냄새

냄새는 매우 정서적인 감각이다. 나는 건초 냄새를 맡을 때마다 언제나 휴가를 맡는다. 내가 어렸을 때 시골에서 처음으로 휴가를 지냈는데 바로 풀을 베고 난 즈음이었다. 건초는 고유한 향기를 지니고 있다. 각 시골마다 고유한 향기를 갖고 있다. 그리고 우리는 언제나 그 시골과 그 안에서 살아가는 사람들이 지닌 신비에 대한 어떤 것에 대한 냄새를 맡는다. 동방정교회의 성당들은 짙은 향냄새를 지니고 있다. 우리가 향냄새를 맡으면 언제나 하느님 현존의 신비도 함께 맡는다.

우리는 좋아하지 않는 어떤 사람에 대해 그의 냄새를 맡을 수 없다고 말한다[5]. 우리가 사랑하는 사람의 냄새는 즐겨 맡는다. 그리고 사랑하는 여인이 온전히 특정한 어떤 냄새를 지녔을 경우 — 그녀가 사용하는 향수나 그녀 자신의 몸이 지닌 냄새 때문에 — 우리 자신 안에서 사랑을 감지한다. 사랑은 맛을 통해서만이 아니라 냄새를 통해서도 전달된다.

---

5 역자 주: 우리에게는 생소한 표현인데 안셀름 신부님의 나라 독일에서는 이렇게 말하는가 보다.

만져 봄

내가 어떤 사람의 피부를 쓰다듬으면 나의 사랑이 그에게 흘러간다. 그리고 나는 그로부터도 어떤 것이 나에게 흘러드는 것을 느낀다. 내치는 느낌 또는 받아들이는 느낌, 거부감 또는 호감. 만져 봄은 관계를 형성한다. 관계 이상이다. 내가 만져 보는 것과 하나가 되게 한다. 나는 그의 기분에 함께한다. 내가 다른 사람을 만져 봄으로써 나 자신과도 접촉하게 된다. 나는 나를 새로운 방식으로 느낀다.

예수님은 부활하신 이후 토마스가 당신을 만져 보도록 하셨다. 토마스는 손가락을 예수님의 상처들 안에 넣어서 그 상처를 치유할 수 있는 예수님의 사랑을 인지해야 했다. 우리는 예수님을 더 이상 구체적인 사람으로 만질 수 없다. 그럼에도 불구하고 감각은 우리가 하느님의 사랑을 체험할 수 있는 중요한 장소다. 두 사람이 사랑하면 서로 다정하게 쓰다듬는다. 그러면 그들의 마음은 움직이고 만난다. 그런데 여기서 이들은 무엇을 만나는가? 다른 사람의 피부는 몇 번 쓰다듬고 나면 알게 된다. 그러면 낯선 것은 더 이상 없다. 이들은 피부에서 다른 사람의 인격을 만나고 이 인격 안에서 그 사람의 신비를 만난다. 최종적으로는 다른 사람의 피부에서 자신에게 흘러들어 오는 그의 사랑을 만난다. 그렇기 때문에 만져 봄은 대단히 강한 느낌과 결합되어 있다. 접촉을 통하여 다른 사람의 마음이 나를 감동시킨다. 여기서 그와 나 사이를 오가는 그의 사랑이 나를 움직인다. 두 사람이 서로 주의 깊게 그리고 섬세하게 마음을 움직이고 만나면 최종적으로는 언제나 하느님의 신비를 만나게 되고 인간적 사랑 안에서 드러나는 신적 사랑의 신비를 만나게 된다. 그렇게 되면 이들 안에서 자신의 사랑이 다른 사람의 사랑과 섞이게 되고 최종적으로는 하느님의 사랑과도 섞이게 된다.

내가 바람에 이리저리 흔들리는 한 송이의 꽃이나 풀을 만지면 하느님의 부드러운 사랑에 대한 어떤 것도 느낄 수 있고, 최종적으로는 피조물 안에서 창조주 자체를 만나게 된다. 전제 요소는 내가 온전히 만남 안에 있어야 하고 만져진 것 안에서 나에게로 흘러들어오는 하느님의 사랑을 믿어야 한다. 내가 만나는 사람을 사랑하지 않으면 그 만남은 텅 빈 상태로 머문다. 나의 가슴에서 어떤 감동도 불러일으키지 않는다. 하느님 피조물과의 만남 안에서 하느님의 사랑을 체험할 수 있는 것은 오직 내가 나의 사랑과 동경을 그 만남 안에 놓을 때 그리고 나를 하느님의 사랑에 의해 움직여지도록 둘 때뿐이다. 어떤 것을 만져 보면 그러면 나는 그것을 움켜쥐지 않는다. 그것을 꽉 붙들지 않고, 그보다 훨씬 더 있는 그대로의 그로 존재하도록 둔다. 단지 그의 신비를 감지할 뿐이다. 나는 그것을 나를 위해 사용하지 않는다. 만져 봄 안에서 내가 만지고 있는 것에 대해 감탄한다. 만져 봄은 경외심을 필요로 하고 최종적으로는 나를 하느님의 신비에게로 향하도록 가리키는 만져진 것의 신비에 대한 직감력을 필요로 한다.

나가는 말

우리가 하느님의 사랑을 소유할 수는 없다. 언제나 단지 바라보고, 듣고, 맛보고, 냄새 맡고, 만져 볼 수 있을 뿐이다. 그러나 하느님의 사랑은 자신을 체험하게도 한다. 그런데 우리가 인간적 사랑을 허용할 때에만 비로소 하느님의 사랑을 체험하게 된다. 이것을 중세의 신비가들은 알고 있었다. 이들은 에로스와 성에서 표현되어 나오는 사랑의 인간적 차원을 하느님께 대한 자신의 사랑 안으로 넣었다. 이러한 방식으로 이들은 하느님의 사랑을 감각들로만이 아니라 마음의 깊은 곳과 함께 체험했다. 이들이 에로스의 힘을 배제하거나 건너뛰지 않고 자신의 하느님 사랑에 대한 봉사 안으로 넣었기 때문에 이들은 하느님의 사랑을 그렇게도 강하게 체험하여 온몸과 온 마음이 하느님의 사랑으로 가득 채워지고 그들 안에 들어 있는 사랑받지 못한 모든 것이 사랑 안에서 변화되었다. 우리는 어떤 영적인 사람이 에로스의 힘을 하느님과의 관계 안으로 통합했는지 아니면 배제했는지 감지한다. 우리가 우리의 하느님 사랑을 에로스 없이 살아간다면 그것은 텅 비고 아무런 힘도 없게 된다. 통합한 에로스는 우리를 우리와 다른 사람의 상처를 치유할 수 있는 열정적인 하느님 사랑에로 인도한다.

✢ 참고문헌

Bamberger John Eudes, 『Evagrius Ponticus. Praktikos. Über das Gebet』, Münsterschwarzach, 1986.

Bradshaw John, 『Das Kind in uns. Wie finde ich zu mir selbst?』, München, 1992.

Cardenal Ernesto, 『Das Buch von der Liebe』, Gütersloh, 1977.

Görres Albert -Rahner Karl, 『Das Böse. Wege zu seiner Bewältigung in Psychotherapie und Christentum』, Freiburg, 1982.

Grün Anselm, 『Im Haus der Liebe wohnen』, Stuttgart, 1999.

_____, 『Dem Bösen begegnen. Wege zu einem versöhnten Miteinander』, Münsterschwarzach, 2013.

Grün Anselm -Dufner Meinrad, 『Spiritualität von unten』, Münsterschwarzach, 1994.

Nouwen Henry J.M., 『Du bist der geliebte Mensch. Religiöses Leben in einer säkularisierten Welt』, Freiburg, 1993.